Dr. med. vet.
Kurt Schmidt-Duisberg

DACKEL

unter Mitarbeit von Renate Thiel

KOSMOS

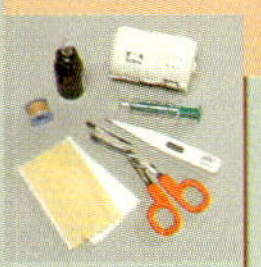

Freizeitpartner Dackel

Dackel züchten

Service

So sind Dackel

So sind Dackel

Wenn unser Blick auf die kleinen, liebenswerten Dackel fällt, die mit ihrem drolligen Wesen schon so manchen begeistert haben, so stellt sich unweigerlich die Frage nach der Entstehung dieser Rassen, für deren Beantwortung man bis in die vorkynologische Zeit zurückgehen muß.

Wie alle anderen Hunderassen haben auch die Dackel den Wolf zum Ahnherrn. Die Entwicklung von dem Urvater Wolf bis hin zu den verschiedenen existierenden Hunderassen war ein jahrtausendelanger Prozeß, dem die Domestikation des Wolfes zugrunde lag. War der ursprüngliche Grund der Haustierwerdung in der bequemeren Gewinnung von Fleischnahrung begründet, so erkannte der Mensch bald weiteren Nutzen: Sowohl der Jagdtrieb als auch der angewölfte Wachtrieb des wilden Hundes boten dem Menschen große Vorteile. Nach und nach ordnete sich der Wildhund seinem neuen Rudelführer, dem Menschen, unter. Natürlich spielt hierbei auch die Fütterung der wilden Hunde durch den Menschen eine wesentliche Rolle. Dieses Futter, das Darbieten

»Herrchen geht nie ohne mich zur Jagd!«

eines geschützten Lagers und die ersten liebevollen Annäherungen ließen eine Beziehung entstehen, in der der Hund nicht nur der Hüter und Wächter des Menschen, sondern auch dessen bester Freund wurde.

Helfer bei der Jagd

Aber auch als Jagdgefährte stand der Hund seinem Herrn treu zur Seite. Aus diesem Grund wurden Hunde zur Hetze oder zum Aufstöbern des Wildes, das viele Jahrhunderte eine wichtige Nahrung des Menschen darstellte, gezüchtet und ausgebildet. Anfangs handelte es sich dabei um Stöberhunde, aus deren Mitte sich mit der Zeit jagende Hunde mit guter Nase und ausgeprägter Jagdpassion herauskristallisierten.

Man gab diesen niederläufigen Jagdhunden, die mit ihrem Herrn, dem Jäger, das Dickicht zu den Fanggruben durchstreiften und durchbrachen, den Rassenamen Bracke.

Die Bracken sieht man als die Ahnherren aller Hunde mit Hängeohren an. Da zu dieser Zeit nur stehohrige Hunde das Prädikat »edel« erhielten, während die hängeohrigen als minderwertig angesehen wurden, war eine planmäßige Züchtung dieser Hunde nur gegen Widerstände möglich. Letztendlich setzten sich aber ihre hervorragenden jagdlichen Eigenschaften durch. Sowohl der Spürsinn als auch die Stöberfreude dieser Hunde und nicht zuletzt ihre Fähigkeit, auch im Dickicht besser und schneller die Wildspur verfolgen zu können, führten zwangsläufig zu einem größeren Interesse an diesen Jagdhelfern.

Als man herausfand, daß die Bracken auch eine ausgesprochene Raubzeugschärfe besaßen, züchtete man aus ihnen eine besonders niederläufige und leichte Art, den Dachshund, der in die engen Röhren der Dachs- und Fuchsbaue einschliefen konnte, um unter der Erde dem Raubzeug den Kampf anzusagen.

Ein Hund – viele Namen

Die Dachshunde erhielten die unterschiedlichsten Namen: Man nannte sie Tachs-Kriecher, Tachs-Krieger, auch Tachs-Schlieffer und Tachs-Würger. In Norddeutschland sprach man vom Teckel, und im süddeutschen Raum war der Name Dackel, eine Zusammenfassung von Teckel und Dachshund, gebräuchlich. Teckel, Dachshund und Dackel: drei Namen für neun Hunderassen, denn es gibt drei Größen in jeweils drei Haararten.

Tachs-Kriecher und Tachs-Krieger wurden die ersten niederläufigen Dachshunde genannt, die für die Jagd auf Dachse und Füchse gezüchtet wurden.

Ursprünglich sind die Dackel demnach Jagdhunde, die aus der Vielzahl der für diesen Gebrauchszweck gezüchteten Hunde entstanden. Betrachtet man die Zeichnungen von den ursprünglichen Erdhunden, so hat das Erscheinungsbild dieser Hunde mit den heutigen, seit etwas über einhundert Jahren rein gezüchteten Dackeln wenig gemein. Hierfür liefert das Bild aus »La Vénerie du Jacques du Fouilloux« aus dem Jahre 1561, das Dachshunde bei der Arbeit zeigt, den besten Beweis.

Dachshunde bei der Arbeit (aus »La Vénerie du Jacques du Fouilloux«, 1561).

Maler wie Beckmann u.a. waren es, die den Standard mit prägten, indem sie Dackel so darstellten, wie sie sie gerne sehen würden. Ihre Bilder wurden zur Grundlage für die später geforderten Rassekennzeichen.

Erwähnung fand der Dachshund vor allem in der Jagdliteratur, wo man vielfältige Beschreibungen dieser Hunde findet, die ebenfalls den Standard mit beeinflußten. So ist von F. Jester 1797 eine Aussage zum Wesen der Dackel geschrieben worden, die Emil Ilgner in seinem Buch »Dachshund« wiedergibt: »Der Dachshund ist unter allen zur Jagd bestimmten Hunden seinem Körperbau nach der kleinste und schwächste, und doch übertrifft er sie alle an Herzhaftigkeit. Er sucht seinen, ihm an Mut gleichkommenden, an Kräften aber im Grunde weit überlegenen Feind tief unter der Erde auf, bekriegt ihn hier auf eigenem Grund und Boden, kämpft mit ihm stunden-, ja tagelang, scheut weder Wunden noch Lebensgefahr und läßt selten eher nach, bis er entweder seinen Gegner durch anhaltende Tapferkeit zur Flucht genötigt und wohl gar aus seiner Wohnung vertrieben hat oder sein Herr ihm durch langsames und beschwerliches Nachgraben zu Hilfe zu kommen imstande ist...«

Aber auch die äußere Erscheinungsform wird dort erwähnt: Dackel »...haben kurze, niedrige Beine, eingebogene Knie und eine spitze Schnauze. Die schwarzen sind, wie die Jagdhunde von dieser Farbe, größtenteils braun gebrannt, auch wohl mit weißen Abzeichen an der Brust und Kehle. Einige haben dicke geringelte, andere dicke, breite, gerade abhängende sogenannte Otterschwänze. Man pflegt letztere als ein Zeichen guter Rasse anzusehen. Die gefleckten, ungleichen, die stockhaarigen Dachshunde sind seltener als die schwarzen und braunen. Das Vorzüglichste, worauf man beim Körperbau des Dachshundes zu sehen hat, ist, daß er, um durch alle Röhren des Baues kommen zu können, von niedriger, schmaler Statur, jedoch nicht schwächlich, sondern gut genervt und von starkem Knochenbau sei...«

In der Literatur wird der langhaarige Dachshund erstmalig um 1820 erwähnt.

»Der Dachshund« in »Der illustrierte Hausthierarzt« von Professor Zipperlen (1869)

Den bis dahin am häufigsten vertretenen Kurzhaardackel beschreibt Professor Wilhelm Zipperlen in seinem 1869 erschienenen Buch »Der illustrierte Hausthierarzt« mit nicht ganz so freundlichen Worten: »Der Dachshund hat einen großen Kopf mit großer Schnauze und hängenden Ohren, einen langen, walzenförmigen Leib mit eingebogenem Rücken, kurzes, glattes Haar, kurze, plumpe, starke und eigenthümlich gekrümmte, zuerst nach einwärts, dann wieder nach auswärts gebogene Vorderfüße, er hat eine feine Spürnase und sehr feines Gehör, aber die unangenehme Eigenschaft, auf der Jagd nicht auf seinen Herrn zu achten und das verjagte Wild anzuscheiden; seines niedern Baues und seiner niedern Beine wegen wird er zum Heraustreiben unterirdisch wohnender Thiere (Dachs, Fuchs usw.) benützt.« Welcher Betrachter wundert sich da noch über den »grimmigen« Blick des dargestellten Dackels?!

Im Jahr 1888 wurde der Deutsche Teckelklub (DTK) gegründet und im darauffolgenden Jahr das erste Teckelstammbuch von dem bedeutenden Kynologen Ernst von Otto herausgebracht. In diesem Buch wurden zum erstenmal die Richtlinien für die Dackelzucht veröffentlicht, so daß es zu einem wichtigen und wegweisenden Nachschlagewerk für alle Züchter wurde.

Der langhaarige Dachshund »Bergmann«, gemalt von Prof. H. Sperling, errang auf der Hundeausstellung in Hannover 1883 den ersten Preis.

Kurzhaardackel

Doch schon vorher, um 1880, fanden die ersten Ausstellungen für Hunde aller Rassen statt, auf denen dann wiederum die schönsten Tiere mit all ihren körperlichen Vorzügen zur Prägung des Standards beitrugen. Aber erst durch die endgültige Festlegung eines Standards für die einzelnen Rassen konnte eine Beurteilung der Hunde nach eindeutigen Kriterien erfolgen.

▶ Haararten und Größen

Teckel, Dachshund und Dackel: Wie schon erwähnt, stehen alle drei Namen für alle neun Rassen. Doch wenn Sie der stolze Besitzer eines solchen Hundes sind, so wissen Sie genau, daß die Aussage: »Ich besitze einen Dackel« bei Ihrem Gegenüber so lange Verwirrung stiften kann, bis Sie geklärt haben, ob es sich dabei um einen Kurzhaar-, Rauhhaar- oder einen Langhaardackel handelt. Man unterscheidet demnach bei den Dackelarten drei verschiedene Haararten. Diese verdanken ihre Entstehung der Einkreuzung von anderen niederläufigen Hunden, die – je nach Zuchtziel – wegen ihrer Jagdgebrauchsfähigkeit dafür ausgesucht wurden.

▶ Der kurzhaarige Dackel

Der Kurzhaardackel mit seinem typischen schwarzroten Haarkleid ist die Ursprungsform dieser Rassen.

Die Existenz der rein rot gefärbten Kurzhaardackel ist Wilhelm von Daacke zu verdanken, einem Förster aus dem Harz. Seinem Erfolg als größter Teckelzüchter aller Zeiten ging ein recht trauriges Ereignis voraus.

Die Kurzhaarteckel-Hündin »Frigga Assmannsheim« wurde 1935 geboren.

Eines Nachts kam einer der Jagdgehilfen des Försters von Daacke, der auf seinem Reviergang von einem Stöberhund begleitet worden war, nicht mehr nach Hause zurück. Man wußte nicht, wo man mit der Suche beginnen sollte, bis plötzlich der Stöberhund, der übrigens dem Dackel bzw. der Dachsbracke recht ähnlich sah, auf dem Hof auftauchte und winselnd zwischen Hof und Tor hin- und herlief. Der Hund hatte auf der Spur nach Hause gefunden. Mit seiner Hilfe verlief die nun einsetzende Suche erfolgreich, doch leider kam für den Jagdgehilfen, der beim Stellen eines Wilderers von diesem tödlich verletzt worden war, jede Hilfe zu spät.

Nun, es soll dem Leser auch nicht vorenthalten werden, daß der Wilderer gefaßt und bestraft werden konnte; der Hund jedoch war der Held des Tages! Man beschloß, mit diesem Dachshund eine Zucht zu betreiben, und da dieser treue und tapfere Hund von roter Farbe war, wollte man natürlich auch diese Rotfärbung beibehalten.

Durch erste Zuchtversuche fand von Daacke sehr schnell heraus, daß die Einfarbigkeit und die Haarfarbe Rot bis hin zum Gelbrot eine gewisse Dominanz in der Vererbung aufwiesen. Er suchte für die Zucht die Hündin einer bestimmten Brackenart aus. Besitzer dieses Hundes war Oberförster Müller aus Andreasberg, ein Mitbegründer der Hannoverschen Schweißhunde, die als sogenannte Haidbracken gezüchtet wurden. Diese Haidbracke war von leuchtend roter Farbe und sehr tief gestellt, das heißt, der Bodenabstand war geringer als bei Bracken aus anderen Zuchtgebieten.

Durch die Kreuzung dieser Hündin – der dann später noch andere folgten – mit dem raubzeugscharfen Stöberhund schuf von Daacke gewissermaßen den roten Kurzhaardackel aus den schwarzroten und gestromten Stämmen in Reinzucht.

Auch die nachfolgenden Generationen aus dem Hause Daacke widmeten sich der Zucht von roten Kurzhaardackeln.

Nach mehr als 120 Jahren Zuchterfahrung wurde auch von Daackes weiteres Zuchtziel, die für die Bodenjagd prädestinierten kleinen Hunde in ihrer Körpergröße noch kleiner werden zu lassen, von seinen Nachfahren beherzigt und züchterisch verwirklicht. Die aus dem von Daackeschen Stamm hervorgegangenen Zwergdackel wurden in viele Länder Europas und in die USA exportiert. Dort wurden sie zu Stammeltern mancher Dachshundzucht.

Selbstverständlich versuchten auch andere Zuchtexperten ihr Glück. Auf diese Weise entstanden durch Kreuzungen mit andersfarbigen Hunden die unterschiedlichsten Farbschläge. Es gibt neben den roten und schwarzroten kurzhaarigen Teckeln auch solche, die weiß, braun oder gestromt, und sogar solche, die mehrfarbig sind, sogenannte Tigerdackel, die die Vielfalt der Farben erweitern.

▶ Der rauhhaarige Dackel

Die Kreuzung des in England sehr beliebten und auch für die Bodenjagd sehr geschätzten Dandie Dinmont Terriers mit Kurzhaarteckeln hat den Rauhhaardackel hervorgebracht. Eine wichtige Rolle spielte dabei die Dominanz bestimmter Merkmale im Erbgang. Dazu ist es wichtig zu wissen, daß Rauhhaar – und das hat der Terrier aus England in hohem Grade – domi-

Rauhhaardackel

»Klausners Mentor« gilt als einer der erfolgreichsten Vererber in der Rauhhaar-Dackelzucht. Er wurde am 10. Januar 1923 geworfen und errang im jagdlichen Einsatz und bei Leistungsprüfungen spektakuläre Erfolge.

nant über Kurz- oder Langhaar ist. Rauhhaar ist demnach also vorherrschend im Vererbungsgang gegenüber Lang- und Kurzhaar, die ein rezessives Merkmal darstellen, welches unterliegt oder verdeckt wird, jedoch nicht ganz ausgeschaltet werden kann. Aus diesem Grund gibt es heute noch Teckel, die ein mehr oder weniger ausgeprägtes Schopfhaar haben.

Aber nicht nur der Dandie Dinmont hat durch Kreuzung mit den Kurzhaarigen zur Entstehung des Rauhhaardackels beigetragen, sondern auch der Sky- und der Yorkshireterrier, die mit Pferdetransporten nach Europa gelangten und in einige Zuchten Eingang gefunden haben. Da diese beiden Rassen, wie auch der Dandie Dinmont, überwiegend weiches Haar haben, liegt es nahe, weitere Rassen mit harschem Haar als Mitbegründer des Rauhhaardackels zu vermuten.

Auf den Bildern der Tiermaler kann man den rauhhaarigen Dachshund betrachten, so wie er in den Jahren um die Jahrhundertwende ausgesehen hat. Diese Hunde wiesen häufig einen etwas zu kurz geratenen Oberarm auf, was eine gewisse Steilstellung der Vorderhand zur Folge hatte. Dieses Merkmal stammte vom Terrier, und noch heute kann man hin und wieder solchen Dackeltypen auf Hundeausstellungen begegnen.

Zur weiteren Entwicklung der Rauhhaardackel haben besonders im süddeutschen Raum die Schnauzer beigetragen. Mit diesen brachte man die Raubzeugschärfe, aber auch eine Steilstellung sowohl der Vorder-, als auch der Hinterhand in die veschiedenen Blutlinien hinein.

Aufgrund der Vielfalt der Ahnen ist es durchaus einsichtig, daß der Rauhhaardackel zunächst keine einheitliche Erscheinungsform aufwies. Erst später, als man wieder den Einkreuzungen mit dem Kurzhaardackel den Vorzug gab, entwickelte sich der lang ersehnte Rauhhaartyp, der auf Distanz gesehen einem Kurzhaardackel zum Verwechseln ähnlich sieht, im Gegensatz zu diesem aber eine drahtige Jacke mit wärmendem Unterhaar hat. Der Bart, die buschigen Augenbrauen und die stärkere Behaarung an den Läufen sind untrügliche Merkmale der Rauhhaarigen.

Durch die konstante Kreuzung mit den Kurzhaarigen wurde auch ein Teil des Haarproblems der rauhhaarigen Dachshunde gelöst. Man hatte am Anfang gehofft, durch die Kreuzung mit Englischen Terriern würde der Dachshund ein wetterfestes Haarkleid erhalten, was sich jedoch als Irrtum herausstellte. Das Haarkleid des Terriers war so weich, daß sich beim Rauhhaardackel sogar die bekannte lockige Schopfbildung einstellte. Dieses weiche Haar war jedoch aufgrund seiner Schmutz- und Wasseranfälligkeit unerwünscht. Erst das »Hinzufügen« der Kurzhaarigkeit konnte diese unerfreulichen Folgeerscheinungen der Terriereinkreuzung ausmerzen.

Heute wird der Haarentwicklung eine besonders kritische Beobachtung zuteil. Dackel mit zu weichem Haar werden nicht mehr zur Zucht zugelassen.

Die Notwendigkeit dieser strengen Zuchtbestimmungen erklärt sich durch die Tatsache, daß der Rauhhaardackel unter den Dachshunden heute am stärksten vertreten ist; bei rund $^2/_3$ aller Welpeneintragungen handelt es sich um Rauhhaardackel, und dieses große Zuchtpotential verkraftet eine solche züchterische Selektion.

▸ Der langhaarige Dackel

Der Langhaardackel ist wohl der erste und damit der älteste Abkömmling der Ursprungsform des Dackels. Er entstammt der Kreuzung vom Wachtelhund mit dem damaligen Tachs-Kriecher, einem kurz- oder stockhaarigen Teckel.

Wechselnde Beliebtheit

Der Langhaardackel war in den Jahren nach dem Kriege die beliebteste aller Dackelrassen. Erst in den 70er Jahren wurde sie im Beliebtheitsgrad vom Rauhhaar überflügelt.

R. Klotz hat der Entstehung dieser Haarvariation sein besonderes Augenmerk gewidmet und ist dem Langhaarstamm mit Spürsinn nachgegangen. Er benannte zwei Zuchtlinien, die Wöpkesche Rasse und die Ranggersche Rasse.

Die Wöpkeschen Langhaardackel wurden nach August Wilhelm Leopold Wöpke, einem Förster, der 1809 starb, benannt. Bis zu diesem Zeitpunkt züchtete Wöpke Langhaardackel in Reinzucht. Dazu muß erwähnt werden, daß diese Rasse schon in früherer Zeit (1660–1730) in Anhalt-Dessau systematisch von einem unbekannten Forstbeamten gezüchtet worden war.

Langhaardackel

Diese Hunde hatten sich wegen ihrer besonders ausgeprägten Jagdpassion und Leinenführigkeit als äußerst brauchbare Jagdhunde bewährt. Ihr Aussehen war mit Sicherheit nicht so edel und elegant wie das der heutigen Langhaardackel. Ihr Haar war gewellt und gekräuselt, der Körperbau stärker und ihr Bodenabstand größer.

Die Auflösung des Anhaltinischen Jägerhofes führte in den 70er Jahren des achtzehnten Jahrhunderts dazu, daß dieser Dachshundschlag erlosch. Einige wenige Exemplare blieben in Franken, Bayern und Thüringen in Förster- oder Jägerhand. Sie wurden die Stammeltern weiterer Langhaardackel, und mit der Zeit wurde der Körper dieser Hunde leichter und ihr Äußeres schöner.

Große Beliebtheit erreichten die schwarzroten Langhaardackel in den Jägerkreisen Maximilians I. (um 1880), wie aus den Akten dieser Zeit ersichtlich wird.

Ihr »Zuchtvater«, der Forstwart Josef Rangger, schuf mit seiner auch für die heutige Langhaarzucht noch sehr bedeutenden Blutlinie eine Veränderung der Fellstruktur und eine neue Kopfform.

Die Behaarung wurde schlichter, die Kopfform, die eine Einkreuzung des Spaniels vermuten läßt, schöner. »Waldi vom Kaiserhaus« hieß die Dackeldame, die, aus einem Wurf von 1869 und von kurzhaarigen Eltern abstammend, als die Stammutter der heutigen langhaarigen Dackel angesehen wird.

Erst mit Beginn dieses Jahrhunderts wurde ein Zuchtregister für Langhaardackel geschaffen. Das Zuchtinteresse und die Experimentierfreudigkeit einzelner Züchter stieg in so großem Maße an, daß zeitweise Dackelwelpen auf die Welt kamen, die es später auf ein Gewicht von 15 Kilogramm brachten.

Die Schaffung eines neuen Schlages stieß aber auf wenig Gegenliebe, und so bemühte man sich, wieder in den unteren Gewichtsgrenzen – bis neun Kilogramm – zu züchten. Um 1910 sah man dann auf Ausstellungen auch erstmalig rote Langhaardackel, die in den folgenden Jahren immer zahlreicher wurden. Vielleicht war es ein Modetrend, daß die eleganten Langhaarigen einen solchen Aufstieg zu verzeichnen hatten. Auch die Möglichkeit, mit diesen schönen Hunden Ausstellungserfolge zu erzielen, trug bestimmt zu dem Aufschwung der Langhaarzucht bei.

Aber eines ist sicher: Unter ihnen gab und gibt es hervorragende Jagdhunde – sowohl über als auch unter der Erde. Langhaardackel stehen auch heute noch hinsichtlich ihrer jagdlichen Passion und Eignung ihren Rassegenossen in nichts nach.

▶ Zwerg- und Kaninchenteckel

Die Zwerg- und Kaninchenteckel, heute züchterisch unter dem Begriff Kleinteckel zusammengefaßt, verdanken ihre Entstehung dem Züchterwunsch, einen für die Bodenjagd auf Kaninchen geeigneten Dackel zu schaffen. Er sollte das Frettchen, das bislang hauptsächlich für diese Art der Jagd verwendet wurde, ersetzen. Kreuzungen zwischen Dackeln und Pinschern, die eine besondere Raubzeugschärfe hatten, brachten zwar brauchbare Kleinsthunde hervor, die aber wenig mit dem erwünschten Teckeltyp gemeinsam hatten. Ihr Bodenabstand war sehr hoch, und ihre Köpfe waren lange Zeit zu sehr pinschertypisch gewesen.

Man kehrte zur Teckelreinzucht zurück, und wir verdanken es dem Revierförster Kroepelin, daß er sich dieser züchterischen Probleme annahm und entsprechende Wege beschritt, die zu der heutigen teckeltypischen kleineren Ausgabe der Dachshunde führten (»Zwergteckel«). Es war und bleibt das Ziel, einen Kleinteckel zu züchten, der besonders schnell und mit viel Schneid dem Fuchs auch durch die engsten Röhren folgen kann.

Die kleinste Ausgabe der Teckel (»Kaninchenteckel«) mit einem Brustumfang von bis zu 30 Zentimetern sollte der Spezialist für die noch engeren Röhren des Kaninchenbaus sein.

Die Zucht der Kleinteckel hat sich, das muß man eingestehen, als schwierig herausgestellt. Da die Anzahl der Welpen in einem Wurf sehr niedrig ist und sich damit das Zuchtpotential nicht sprunghaft vergrößern läßt, würde, wenn hier ein bedauerlicher Trend zum Modehund einsetzen würde, die jagdliche Qualität dieser kleinen Hunde sicher in Mitleidenschaft gezogen werden.

Es bleibt zu hoffen, daß die erfolgreichen Kleinteckelzüchter ihre Linie nicht verlassen werden, so daß auch weiterhin zumindest eine geringere Anzahl von Dackeln im Kleinformat gezüchtet wird, die dafür aber dem Wunsch von v. Daacke entsprechen. Sein Wahlspruch lautete: »Der Dackel ist als Jagdhund zu züchten für die Jagd über und unter der Erde.«

Anläßlich des 100jährigen Jubiläums des DTK wurde 1988 ein Rauhhaarteckel als Porzellanfigur herausgegeben. Das Bild zeigt den weltbekannten Bildhauer und Direktor der Hutschenreuther Kunstabteilung, Gunther R. Granget, beim Modellieren, wobei der Rauhhaar-Rüde »Igel« Modell stand.

Das Wesen

»Was denn – nichts über Dackel?« Horst Stern nimmt damit in seinem Buch »Bemerkungen über Hunde«, in dem er verschiedene Hunderassen vorstellt, den wohl empörten Ausruf von Dackelbesitzern und Dackelfreunden vorweg. Doch gerade seine klärenden Worte, warum diese Lücke in seinem Buch vorhanden ist, lassen eine tiefe Zuneigung zu diesen Hunderassen erkennen: »Nichts über Dackel. Ich kann Dackel nicht leiden: Sie brechen einem das Herz, dann heben sie an den Bruchstücken ein Bein auf. Man weiß bei einem Dackel nie, welche Sorte Tränen man gerade in den Augen hat: Solche des Lachens, der Liebe oder der Wut. In einer Dackelseele menschelt es wie in keiner anderen Hundeseele.« (S. 118) Doch gerade aus diesem Grund – so möchte man Horst Stern entgegnen – hier also ein Kapitel, das dem Wesen des Dackels, seinen Stärken und Schwächen, gewidmet ist.

Der Dackel ist nicht nur wegen seiner kleinen Körpergröße, sondern vor allem wegen seiner komplikationslosen Anpassung an die jeweiligen Familienmitglieder der ideale Haushund. Wo immer er auftaucht, kommt Fröhlichkeit und Abwechslung in den Alltag der Besitzer. Ohne Schwierigkeiten ordnet sich der Dackel seinem Freund, dem Menschen, unter. Strafen sind beim Dackel selten vorzunehmen. Eine zeitweilige Verachtung fühlt er deutlicher als einen Klaps. Doch Vorsicht sei geboten: Es kann sein, daß Ihr Dackel – wie manch anderer Hund auch – zur Wehleidigkeit neigt. Falls dies der Fall ist, wird er seine Erfahrungen von zugefügten Strafen speichern, so daß diese, je nach Dauer und Intensität, zu einem mehr oder weniger ausgeprägten Gedächtnisinhalt werden können. Einfacher gesagt: Wer heute seinen Dackel mit Verachtung straft, muß damit rechnen, daß er am nächsten Tag von seinem Hund mit Nichtachtung gestraft wird.

ANPASSUNGSFÄHIGKEIT ▶ Eine der herausragendsten Eigenschaften der Dackel ist ihr Einstellungs- und Umstellungsvermögen. Während sie eben noch mit einem Kind herumtoben und dabei ihren Hang zur Clownerie entfalten, begleiten sie wenig später sittsam einen älteren Menschen auf seinem Spaziergang. Dabei passen sie sich dem Bewegungstempo ihres Partners rhythmisch an. Man meint, die Gangart ihres zweibeinigen Freundes in ihrem Bewegungsablauf kopiert zu sehen.

Jeder Dackelbesitzer kennt die Mimik dieser Hunde, mit der sie auf sich aufmerksam machen. Wie einfach läßt es sich einem Dackel an seinem Gesicht ablesen, ob er einen Streich ausheckt oder ob er ein schlechtes Gewissen hat. Mit reuevollem Blick nach oben wird er abwarten, was nun an Vorwürfen und schimpfenden Worten seiner Tat folgt. Und sehr schnell merkt er dann, ob der Unwille seines Herrn groß ist oder gar nicht so ernst genommen werden muß.

Unser Dackel ist ein Schelm unter den Hunden. Das ist es, was ihn so liebenswert macht. Was macht es schon, daß er gelegentlich seinen Dickkopf aufsetzt? Das weist ihn nur als Hund mit Eigenleben aus, das er trotz seiner Anhänglichkeit und Treue zum Menschen führt.

Dackel haben ihre Eigenarten, denen wir manchmal staunend gegenüberstehen. Mein erster Dackel, der Rauhhaar »Benn vom Panzertal« zum Beispiel begrüßte meinen Vater, wenn er aus dem Büro nach Hause kam, damit, daß er auf die unterste Etage unseres

Eine besondere Farbe: Langhaar-Tigerteckel

Servierwagens sprang und dort so lange verharrte, bis mein Vater ihn einmal durch die ganze Wohnung gefahren hatte. Danach begab er sich zufrieden wieder in sein Körbchen.

WACHSAMKEIT ▶ Eine ausgesprochen gute Eigenschaft ist die Wachsamkeit der Dachshunde. Die leisesten und geringsten Geräusche – insbesondere die ihnen ungewohnten – melden sie zunächst mit einem grollenden Brummen. Erkennen sie, daß das fremde, ungewohnte Geräusch eine Gefahr in sich birgt, dann bellen sie los, wobei sich die Rückenhaare zu einer Bürste formen. Sie lassen nicht eher wieder nach, bis Herrchen oder Frauchen zu Hilfe eilen oder nach dem Rechten sehen.

Wagt sich ein Fremder in das Haus, wird der Dackel ihn noch eine ganze Weile mißtrauisch umkreisen und ihn dabei beobachten. Er zeigt sehr deutlich: Hier ist ein Wachhund zu Hause. Handelt es sich dabei jedoch um eine vertraute Person, so gibt der Dachshund seine Aggressivität schnell auf und zeigt durch freudiges Schanzwedeln seine Zuneigung an.

Wie fein ausgeprägt das Gehör des Dackels ist, kann man an seiner Reaktion erkennen, wenn eine Katze auf leisen Sohlen an der Haustür vorbeischleicht. Lange bevor der Dackel diesen ungebetenen Gast erblickt, hat er ihn akustisch wahrgenommen und mit Knurren und Bellen reagiert.

GEHORSAM ▶ Gelegentlich sagt man dem Dackel Ungehorsam nach. Doch das stimmt nicht! Der Dackel ist einer der ältesten Jagdgehilfen des Menschen. Bei der Baujagd auf Fuchs und Dachs ist er mit seinen Entscheidungen unter der Erde auf sich allein gestellt. Dadurch wurde sein ursprüngliches Wesen weitgehend gebildet. Doch es wäre verkehrt, ihm aufgrund dieser Selbständigkeit Eigensinn und Ungehorsam nachzusagen.

In den Niederlanden und auch in Deutschland werden anläßlich lokaler oder internationaler Teckelausstellungen Gehorsamsdemonstrationen gezeigt. Hierbei werden Teckel aller Haararten und Größen in einer Gruppe vorgeführt, wobei die Leinenführigkeit, das Ablegen auf Kommando und das Ausharren der Hunde auf den ihnen zugewiesenen Plätzen bis zur Abholung durch den Herrn gezeigt wird. Von Ungehorsam ist dabei nichts zu bemerken.

Es gibt Gruppen im Deutschen Teckelklub, die veranstalten ein- oder mehrmals jährlich Führerkurse mit besonderem Augenmerk auf Gehorsam. Man ist immer wieder erstaunt darüber, mit welchem Unterordnungswillen gerade Dachshunde ausgestattet sind und wie schnell sie Gehorsam lernen und praktizieren.

Als Jagdhund ist der Dackel vielseitig und ausgesprochen leicht zu führen. Natürlich muß seine Ausbildung für die verschiedenen Aufgabenfelder zielbewußt vorgenommen werden.

Die Geselligkeit unter Rassegenossen lieben die Dackel ebensosehr wie ihr Herr. Und auf langen, ausgedehnten Spaziergängen, bei denen es für Dackel viel zu schnuppern und für den Herrn viel zu sehen gibt, sind beide glücklich und zufrieden. Alles in allem ist der Dackel ein Hund, an dessen Wesen und Verhalten selbst Leute, die keine Hunde halten, immer wieder Freude und Gefallen finden.

Ein Dackel zieht ein

Ein Dackel zieht ein

Überlegungen vor dem Kauf

Dackel kauft man – wie alle Hunde – grundsätzlich beim Züchter. Wie wir im folgenden sehen werden, erfüllt der seriöse Züchter alle Voraussetzungen, die für die verantwortungsvolle Zucht und rassegerechte Aufzucht der Welpen erforderlich sind. Die Zuchtvereine (Adressen im Anhang, S. 119) nennen die Anschriften von Züchtern in Ihrer Nähe. Es bedarf einiger Überlegungen, wenn man den Entschluß gefaßt hat, einen Dackel zu erwerben. Zunächst stellt sich die Frage, welche Haarart es sein soll. Wie eingangs schon erwähnt, gibt es neun Dackelrassen, nämlich Kurzhaar, Rauhhaar und Langhaar, und das in drei Größenordnungen. Für welche Rasse Sie sich entscheiden, ist eine reine Geschmacksfrage.

Dem typischen Dackelblick kann wohl niemand widerstehen.

Gesunde Abstammung

Auf jeden Fall sollte man darauf achten, daß der künftige Hausgenosse aus einer guten Zucht und von gesunden Dackeleltern abstammt. Alle Bedingungen hinsichtlich Gesundheit und vorbeugenden Schutzmaßnahmen sollten erfüllt sein. Das heißt, der Welpe sollte nach erfolgter Wurmkur die erforderlichen Schutzimpfungen gegen Staupe, Hepatitis contagiosa, Leptospirose und möglichst auch gegen Parvovirose erhalten haben (näheres im Kapitel über Krankheiten, S. 53). Nur ein wirksamer Impfschutz bietet Sicherheit gegen problematische Infektionskrankheiten.

Der Deckakt der Eltern des Welpen darf übrigens nicht vor dem vollendeten fünfzehnten Lebensmonat der Hündin und des Rüden stattgefunden haben, da erst zu dieser Zeit die Wachstumsphase endgültig abgeschlossen ist. Diese Regelung wurde von der Fédération Cynologique Internationale (FCI) an alle Mitgliedsvereine ausgegeben, um sowohl die Hündinnen als auch die Welpen zu schützen. Es besteht die Gefahr, daß Hündinnen, die zu jung gedeckt werden, Welpen hervorbringen, die die zum Leben notwendige Substanz vermissen lassen. Ähnliche Probleme können auch bei älteren Tieren auftreten. So wird die Zuchtfähigkeit bei Rüde und Hündin hinsichtlich des Alters unterschiedlich beurteilt. Während man bei Rüden keine Altersbegrenzung festlegt, sollten Hündinnen nach Vollendung ihres achten Lebensjahres nicht mehr belegt werden. In diesem Alter kann es nicht ausgeschlossen werden, daß die Welpen mit erheblichen Mangelerscheinungen auf die Welt kommen. Diese Regelung, wie auch die zeitlich begrenzte Zuchtsperre, die dann ausgesprochen wird, wenn eine Hündin bei zwei Hitzen hintereinander belegt wurde, soll die weiblichen Tiere vor der Ausbeutung – vor der Zucht nur unter finanziellen Gesichtspunkten – schützen.

DREI GRÖSSEN ▶ Ein weiterer wichtiger Aspekt ist die Größe des Hundes: Soll es ein Dackel vom Normalschlag oder ein Kleinteckel sein? Hierbei ist sicher auch ausschlaggebend, ob man mit dem Dackel auf die Jagd gehen will. Ein Jäger, der die Baujagd auf Kaninchen bevorzugt, wird einen Zwerg- oder Kaninchenteckel wählen. Doch grundsätzlich bleibt zu erwähnen, daß in jagdlicher Hinsicht alle Dackel – unabhängig von Haarart und Größenvarietät – sehr gute Arbeit leisten, wenn sie aus gesunden und leistungsfähigen Stämmen hervorgegangen sind.

Kann ich die Bedürfnisse eines Dackels erfüllen?

- [ ] Sind alle Familienmitglieder mit der Anschaffung des Dackels einverstanden?
- [ ] Ist niemand in der Familie gegen Tierhaare allergisch?
- [ ] Ist ggf. der Vermieter mit der Hundehaltung einverstanden? (S. 31)
- [ ] Bin ich bereit, für die nächsten 10 bis 15 Jahre die Verantwortung für das Tier zu übernehmen?
- [ ] Bin ich in der Lage, die Kosten für Futter, Pflege, Tierarzt, Steuer, Versicherung usw. auf Dauer zu tragen?
- [ ] Habe ich genügend Zeit für den Dackel (Pflege, Fütterung, Spazierengehen)? Er kann höchstens einige Stunden täglich alleine bleiben.
- [ ] Ist dafür gesorgt, daß der Dackel bei Krankheit oder Urlaub versorgt wird?

▶ Rüde oder Hündin?

Einige Teckelfreunde entscheiden sich für einen Rüden, weil sie die Probleme, die durch die regelmäßig wiederkehrende Läufigkeit einer Hündin entstehen (z.B. die Notwendigkeit einer verstärkten Aufsicht in dieser Zeit), scheuen. Dazu muß gesagt werden, daß man mit medikamentösen Maßnahmen die Läufigkeit einer Hündin, z.B. während der Urlaubs- oder Reisezeit, zeitlich verschieben oder sogar ganz unterbinden kann.

Sicherlich sollte man bei der Entscheidung für ein männliches oder weibliches Tier vor allem die Wesensunterschiede beider beachten: So kann man davon ausgehen – und selbstverständlich bestätigen auch hier die Ausnahmen die Regel –, daß bei Rüden der Freiheitsdrang wesentlich stärker ausgeprägt ist als bei weiblichen Tieren, denen man wiederum eine stärkere Anhänglichkeit nachsagt. Hündinnen, so sagte einmal Konrad Lorenz, sind viel treuer als Rüden. Die Seelenregungen der weiblichen Tiere sind viel komplizierter, reichhaltiger und feiner, ihre Intelligenz übertrifft in den meisten Fällen die des sonst gleichwertigen Rüden. Wer selbst züchten will, der wird sich natürlich eine Hündin zulegen.

Wer vorhat, mehrere Dackel zu halten, der bedenke, daß Rüden – wenn sie zusammen gehalten werden – aufgrund von Rivalität und Eifersucht sehr leicht Aggressionen gegeneinander entwickeln können. Es kann im Zuge dieser Machtkämpfe auch zu Beißereien kommen. Doch auch die Haltung von zwei Hündinnen ist nicht ganz unproblematisch. In meine Tierarztpraxis kam einmal ein Mann mit zwei Rauhhaarteckel-Hündinnen, die seit neun Jahren gemeinsam in Wohnung und Zwinger gehalten wurden. Ohne ersichtlichen Grund waren die beiden Tiere eines Nachts aufeinander losgegangen und hatten sich dabei so ineinander verbissen, daß eine der beiden sehr schwere Bißverletzungen davontrug. Und – typisch für Hündinnen – die beiden zeigten nach diesem Zwischenfall keinerlei Anzeichen einer Versöhnung, so daß sie nicht mehr zusammen gehalten werden konnten.

Rüde und Hündin kommen dagegen sehr gut miteinander aus. Der Rüde wird seine Lebensgefährtin immer vor anderen Hunden zu beschützen suchen – vor allem dann, wenn die Hündin sich kurz vor der Läufigkeit befindet. Der Hundebesitzer, der nicht züchten will, muß in dieser Zeit sein Dackelpärchen besonders gut beobachten bzw. getrennt halten; doch diese Phase geht vorbei, und man kann sich danach wieder am friedlichen und vertrauten Miteinander von Rüde und Hündin erfreuen.

Vor den neugierigen Welpen ist nichts sicher.

▸ Das Alter des Welpen

Wer sich bei einem Züchter nach einem Welpen umsieht, dem wird sich bald die Frage stellen, wie alt der Welpe sein soll, wenn er aus der Obhut des Züchters in die des neuen Besitzers wechselt.

Keinesfalls darf der Welpe jünger als acht bis neun Wochen sein. Frühestens in der achten Lebenswoche wird der Welpe geimpft und durch den zuständigen Zuchtwart tätowiert. Erst nach Erledigung dieser formalen Dinge darf der Züchter das junge Tier an seine zukünftigen Besitzer abgeben.

Da fiele die Wahl schwer.

Der Kauf

Prüfen Sie vor dem Kauf des Dackels genau, ob der Hund Ihren Erwartungen entspricht. Dabei sollten Sie nicht nur auf die äußere Gestalt des Hundes, z.B. Haarfarbe, Gang etc., achten, sondern vor allem auf die Gesundheit des jungen Dackels.

Sinnvollerweise schließt man einen schriftlichen Vertrag, in dem alle Details festgehalten werden. Vom VDH gibt es dafür einen Mustervertrag.

Beim Kauf eines Hundes gilt: Wenn das Tier bei der Übergabe krank war, so hat der Käufer ein sogenanntes »Wandlungsrecht«, d.h., er kann den Kaufvertrag rückgängig machen. Allerdings muß der Käufer beweisen, daß der Hund bereits bei der Übergabe krank war. Das ist manchmal im nachhinein nur schwer nachzuweisen. Man sollte daher nur beim seriösen Züchter kaufen.

Einkaufsliste für die Erstausstattung

- ☐ Futter- und Wassernapf (standfest und leicht zu reinigen)
- ☐ Futter für die ersten Tage
- ☐ Kauknochen und Leckerbissen
- ☐ verstellbares Halsband mit Adreßanhänger
- ☐ reißfeste Leine
- ☐ Schlafkorb mit waschbarer Einlage
- ☐ Kamm, Bürste, Zeckenzange
- ☐ Spielzeug

So wird der Welpe richtig hochgehoben und getragen.

TIP

Bei längeren Fahrten sollte man stündlich eine Pause machen und dem Hund Gelegenheit geben, sich die Beine zu vertreten und sich zu lösen. Dabei bleibt er aber sicherheitshalber immer an der Leine. Man kann dann auch etwas zu trinken anbieten (Napf und Wasserflasche mitnehmen).

Abholen

Am vereinbarten Abholungstag wird der Züchter den Welpen nicht füttern, damit ihm bei der Autofahrt nicht so leicht schlecht wird.

Man holt den Dackel mindestens zu zweit ab, damit sich eine Person ganz auf das Fahren konzentrieren und die andere dem Welpen widmen kann. Am besten nimmt die Hauptbezugsperson zusammen mit dem Welpen auf dem Rücksitz Platz.

Küchentücher sind ein weiteres nützliches Utensil für unterwegs, falls dem Dackel im Auto doch mal ein Malheur passiert.

Eingewöhnung

Damit beginnt die Zeit der Aufzucht, die eine intensive Beschäftigung mit dem jungen Tier verlangt. Nur mit viel Geduld, liebevoller Zuwendung und Konsequenz wird man es schaffen, die Beziehung zwischen Hund und Mensch zu festigen, um eine gegenseitige Vertrauensbasis aufzubauen. Sicherlich kostet es manchmal sehr viel Mühe, sich ununterbrochen um den kleinen vierbeinigen Freund zu kümmern. Doch man darf nicht vergessen, daß die Trennung von der Mutter, von den Geschwistern und der Einzug in die fremde Umgebung das junge Tier sehr verunsichern und traurig machen. Wie schlimm wäre es für den Welpen, wenn ihn nun auch noch der Mensch im Stich ließe! Doch die ersten Ängste verfliegen schnell, wenn sich eine Bezugsperson besonders intensiv um den Welpen kümmert, ihn umsorgt, streichelt und beruhigend mit ihm spricht.

Falsch wäre es, sich mit irgendwelchen Leckereien das kleine Hundeherz zu erkaufen – Unwohlsein und Verdauungsstörungen wären die Folge. Geben Sie deshalb dem Welpen zu Anfang nur das Futter, das er auch bei seinem Züchter erhalten hat. Ein guter Züchter wird Ihnen sicherlich eine Tagesration, vielleicht sogar einen Wochenvorrat der gewohnten Kost des Welpen mit nach Hause geben, so daß Sie sich in aller Ruhe um Ihren neuen kleinen Hausgenossen kümmern können und sich erst nach einiger Zeit über alltägliche Dinge wie z.B. das Futter Gedanken machen müssen.

▸ Die Unterkunft

Wo wird der kleine Vierbeiner untergebracht? Diese Frage sollte man vor der Anschaffung eines Dackels klären, da es verschiedene Möglichkeiten der Unterbringung gibt.

Im Haus bevorzugt der Dackel Hundekörbe, in die er sich zur ungestörten Ruhe zurückziehen kann. Doppelstöckige Hundekörbe bieten unserem kleinen Hausgenossen die Möglichkeit, das Geschehen um sich herum noch besser zu beobachten. Als Unterlage sollte immer ein Kissen oder eine leicht zu reinigende Decke dienen. Gelegentliches Aussprühen mit Insektiziden beugt dem Ungezieferbefall vor.

Wird der Dackel im Freien gehalten, was für den »normalen« Dackelbesitzer ja nicht die Regel ist, so müssen die Auflagen der Hundehaltungsordnung erfüllt sein. Sie verlangt eine trockene Hütte mit isolierten Wänden. Gegen

Der Liegeplatz soll ungestört sein und gleichzeitig einen Überblick bieten.

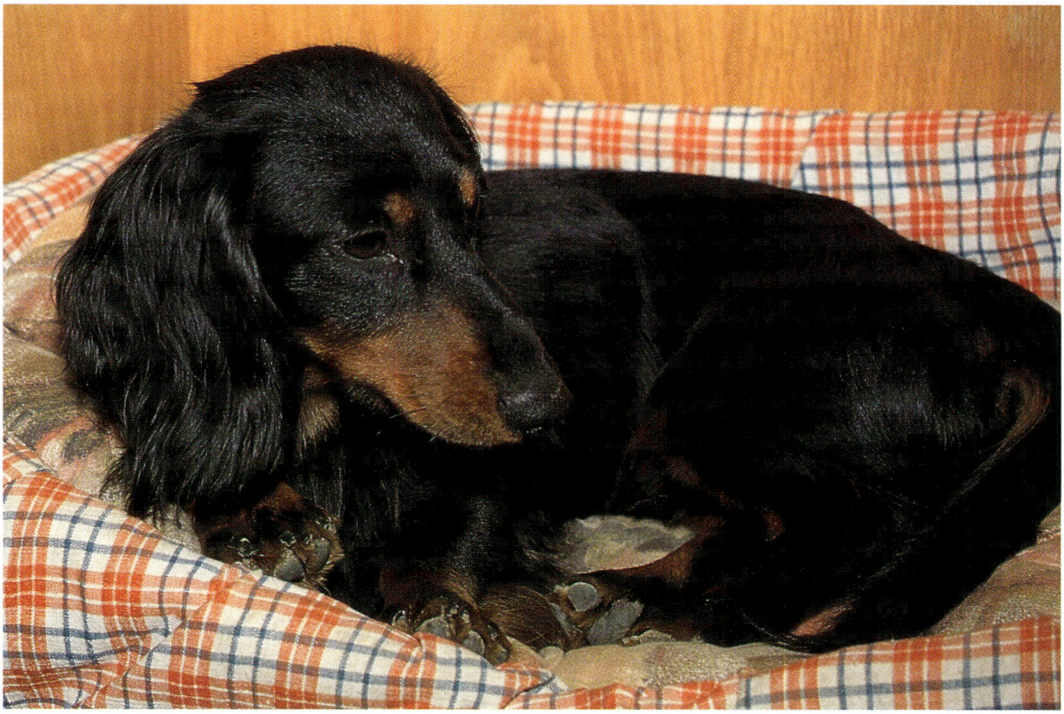

Bodenfeuchtigkeit sollte die Hütte auf Sockeln stehen. Durch Winkeleingänge wird ein Schutz vor Zugluft gewährleistet, während eingebaute Fenster die notwendige Helligkeit in die Behausung bringen.

Der Auslauf muß ausreichend groß sein und den Einfall von Sonnenstrahlen ermöglichen, da der Dackel, wie auch der Mensch, zur Bildung von Vitamin D ultraviolette Strahlen braucht, damit sich seine Knochensubstanz festigt.

Der Familienhund

Wer das Kapitel über das Wesen des Dackels (Seite 16) aufmerksam gelesen hat, der wird sich bestimmt nicht wundern, wenn es hier nun heißt: Der Dackel ist ein liebenswerter und guter Familienhund. Zwischen den verschiedenen Haararten und Größenvarietäten gibt es keinerlei Unterschiede, da alle Dackel das für diese Rasse typische Wesen haben. Die Hunde sind anpassungsfähig und jedem Menschen, der sie gut behandelt, treu ergeben.

Da der Dackel ein sehr gelehriger Hund ist, kann man ihm schon sehr früh Dinge beibringen, die seine Integration in die Familiengemeinschaft erleichtern (siehe auch Kapitel »Erziehung«, S. 63). Um seinen Aufgabenbereich innerhalb der Familie zu erweitern, kann man ihm z.B. mühelos das Apportieren der Hausschuhe für den Hausherrn oder die Hausfrau beibringen, wenn diese von der Arbeit des Tages müde nach Hause kommen. Er wird diese und andere »Arbeiten« gerne übernehmen, da er dadurch die begehrte Aufmerksamkeit erhält und die Erfahrung macht, daß dabei immer ein Lob, ein paar liebe Worte und die heiß ersehnten Streicheleinheiten für ihn herausspringen. Der Dackel ist vor allem dann ein gelehriger Schüler, wenn er mit der zu erlernenden Aufgabe ein positives Erlebnis, z.B. das Erhalten eines Leckerbissens, verbindet.

Mit seiner feinen Beobachtungsgabe hat der Dackel auch sehr schnell begriffen, daß der Fernsehabend für ihn die Möglichkeit birgt, einen gemütlichen, hautnahen Platz auf dem Schoß von Herrchen oder Frauchen zu ergattern. Doch auch hier ist es – mit ein bißchen Konsequenz in der Erziehung – durchaus möglich, dem Familienhund Dackel beizubringen, daß er in seinem Körbchen zu bleiben hat. Sein Spielzeug muß er dann jedoch immer bei sich haben, denn der Kauknochen und der Gummiigel gehören ihm ganz allein!

TIP

Regelmäßiger Auslauf – und nicht nur »Gassi gehen« – muß dem Hund von allen Mitgliedern der Familie geboten werden. Dreimal am Tag sollte man sich dafür ausreichend Zeit nehmen, auch wenn es draußen stürmt oder schneit.

Die wichtigste Aufgabe des Dachshundes als Familienmitglied soll hier jedoch nicht unerwähnt bleiben: Die ausgedehnten Spaziergänge, zu denen er mit munterem Bellen und Schwanzwedeln auffordert, fördern nicht nur seine Gesundheit, sie bringen auch den Kreislauf des berufsbedingt bewegungsarmen Herrchens oder Frauchens in Schwung.

Zur guten Kinderstube beim Züchter gehören vielfältige Kontakte, auch mit Kindern.

Dackel und Kinder

Auch wenn der Dackel ein sehr kinderfreundlicher Hund ist, so ändert das nichts an der Tatsache, daß vor allem die Kinder in der Familie unbedingt lernen sollten, wie man mit Hunden umgeht. Denn häufig sind es die Kinder, die den Hund als ihresgleichen ansehen und ihn ungeschickt anfassen; in solchen Momenten kann man eventuell auftretendes Fehlverhalten dem Hund nicht als Bösartigkeit anlasten. Daher sollte man rechtzeitig dafür sorgen, daß die Kinder wissen, wie man einen Hund artgerecht behandelt. Dann braucht man sich auch keine Sorgen mehr zu machen. Wenn der Hund und die Kinder sich erst einmal gut verstehen, dann entsteht daraus eine tiefe, unzertrennliche Freundschaft. Jeder, der die Bilder von Dackeln in Puppenwagen oder sogar in Puppenkleidern kennt, weiß, wieviel diese Hunde in ihrer Gutmütigkeit zu ertragen bereit sind.

Professor Bergler aus Bonn hat mit seinen Mitarbeitern in mehreren Studien die besonderen Beziehungen von Kindern und Hunden untersucht und durch Befragen der Jungen und Mädchen interessante Feststellungen gemacht. Die Acht- bis Zwölfjährigen gaben an, daß sie Tiere deshalb lieben, weil diese menschlicher seien als die

Menschen in der real existierenden Welt. Sicher ist diese Aussage kein besonderes Kompliment für die Erwachsenen. Kinder erleben an ihrem Dackel Eigenschaften, die sie von Erwachsenen nicht immer erfahren, obwohl sie sie erwarten und wünschen. Hunde sind für sie die idealen Spielkameraden, die aufmerksam zuhören, wenn andere nicht die Zeit zur Kommunikation haben. Und welcher Dackel läßt seinen Spielkameraden Kind schon allein, wenn es traurig ist oder mit Eltern oder Freunden ein Streit ausbricht? Nicht zu unterschätzen ist auch das soziale Verantwortungsbewußtsein der Kinder, das durch die Haltung eines Hundes gefördert wird. Sicher müssen manche Kinder in dieser Beziehung einen Lernprozeß durchmachen, wobei auch die Eltern wieder eine pädagogische Aufgabe haben.

Mädchen und Jungen, die einen Dackel ihr eigen nennen können, werden schnell erfahren, daß man mit dem kleinen Vierbeiner auch durchaus etwas unternehmen kann. Nicht nur Spaziergänge, die zur Pflichtaufgabe zählen und daher manchmal etwas ungeliebt sind, erfreuen die Dackel. Besonders gerne schließen sie sich an, wenn ihnen etwas Artgerechtes geboten wird. Die Gruppen und Klubs, die sich ihre »Klubjugend« besonders angelegen sein lassen, wissen, daß gerade der Dachshund jugendliche Führer und Betreuer besonders gerne akzeptiert. Jugendliche »Hundeführer« sind mit ihren Dackeln mitunter besonders erfolgreich. Und nach dem Grundsatz: »Früh übt sich...« erwächst auch im jugendlichen Führer ein Erfahrungsschatz, der ihm älteren Neulingen gegenüber einen erheblichen Vorsprung zu geben vermag. Wer da noch sagt, Jugendlichen fehle die Reife zur Hundeführung, der sollte sich erst einmal informieren.

Eine hervorragende Einrichtung zur Ausbildung und zum Training von Jugendlichen und Hunden ist das mehr und mehr praktizierte »Junior-Handling«. Diese Bezeichnung verrät uns, daß der Ursprung dieser Art von Bewertung des Vorführers im Ausstellungsring aus England kommt. In vielen Gruppen des Deutschen Teckelklubs werden solche Handlings schon praktiziert. Es werden bewertet: 1. das Vorführen des Hundes, 2. das Vorzeigen auf dem Tisch, richtiges Zeigen von Gebiß usw., 3. die Gangart des Vorführers und seine zu diesem Zweck angelegte Kleidung.

Schon viele junge Menschen machen bei diesen Wettbewerben mit. National und international gibt es auch Preise. Der Jahresbeste wird vom VDH (Verband für das Deutsche Hundewesen) ermittelt und darf zur Dog-Cruftshow nach England reisen. Er ist dort Gast und nimmt eventuell mit einem ihm zugeteilten Hund am dortigen Wettbewerb teil.

DACKEL UND BABY ▶ Einiger Gedanken bedarf es auch, wenn ein Baby auf die Welt kommt, das zukünftig dem schon lange vorher dagewesenen Dackel seine vorrangige Stellung bei Herrchen und Frauchen streitig machen wird. Man sollte den Hund anfänglich aus dem Kinderzimmer fernhalten und ihn ständig beaufsichtigen, damit er nicht einen unbeobachteten Moment ausnutzen kann, um sich dem Nachkömmling eifersüchtig zu nähern. Denn man bedenke: Auch ein Dackel

Marc-Joel und Dackel Julchen sind ein Herz und eine Seele.

kennt Eifersucht und Haß. Wenn man den Hund jedoch nicht vernachlässigt, ihm auch weiterhin die gewohnte Zuneigung zuteil werden läßt, dann dauert es bestimmt nicht lange, bis auch er das neue Familienmitglied in sein Hundeherz geschlossen hat. Trotzdem darf man nie ein Baby zusammen mit einem Hund unbeaufsichtigt lassen!

▸ Dackel und andere Tiere

Das Sprichwort: »Sie sind wie Katz' und Hund« muß nicht unbedingt in dem gebräuchlichen Sinne zutreffen. Wenn beide, Hund und Katze, zusammen aufwachsen, können sie sehr schnell die besten Freunde werden. Sie werden dann miteinander spielen, zusammen herumtollen, aus einem Napf fressen und sogar den Schlafplatz miteinander teilen. Aber das gilt nur für die befreundete Katze. Wehe, eine fremde Katze läßt sich blicken: Dann verliert der Dackel sofort seine Zurückhaltung, und der Fremdling wird zum Feind.

Reizworte wie: »Ja, wo ist denn das Kätzchen?« oder gar die direkte Aufforderung zum Angriff: »Faß die Katz« sollte man unbedingt unterlassen. Durch sie entsteht eine Feindschaft, die schlimme Folgen haben kann. Denn was ist, wenn unser Dackel plötzlich auf der anderen Straßenseite seinen vermeintlichen Feind sieht und blindlings hinüberstürzt, ohne dabei auf den

Wenn sie zusammen aufwachsen, können Dackel und Katze gute Freunde werden.

Straßenverkehr und die Rufe seines Besitzers zu achten? Man müßte einen Großteil der Schuld an den Folgeschäden sich selbst geben.

Dackel und Vögel sind nur Freunde, wenn sie von Anfang an in enger Gemeinschaft aufwachsen. Die Bewegungen des Vogels reizen den Fangtrieb des Hundes. Aber auch allein der Geruch des Vogels kann schon einen so starken Trieb in den Hunden erwecken, daß sie sich selbst auf einen leeren Käfig stürzen würden. Deshalb sollte man besser dafür sorgen, daß beide, Hund und Vogel, sich möglichst in getrennten Räumen aufhalten.

Mit Pferden verstehen sich Dackel sehr gut. Sind sie erst einmal miteinander vertraut, dann entstehen regelrech-

TIP

Von der zusätzlichen Anschaffung eines Goldhamsters, eines Meerschweinchens oder eines Zwergkaninchens ist jedoch dringend abzuraten. Diese Tiere sind für den Hund Beute; man muß damit rechnen, daß der Dackel im Kontakt mit ihnen seinen Jagdtrieb entfaltet und versuchen wird, das »Wild« zu töten.

te »Freundschaften« zwischen Hund und Pferd. Ob die Tatsache, daß die kleinen Vierbeiner sich mit Begeisterung in Pferdedung wälzen, unbedingt zum Erhalt der Freundschaft beiträgt, möchte man als naserümpfender Hundebesitzer jedoch manchmal ernsthaft bestreiten.

▶ Rechtliche Hinweise

MIETWOHNUNGEN ▶ Als Mieter sollten Sie vor der Anschaffung eines Dackels klären, ob der Vermieter mit der Haltung eines Hundes einverstanden ist. Da die meisten Mietverträge eine Klausel enthalten, die die Tierhaltung verbietet, sollte man die Zustimmung des Vermieters im Mietvertrag ausdrücklich festhalten.

Sicher ist es so, daß der Vermieter eher der Haltung eines Dackel als der eines großen Hundes zustimmen wird. Leider ist die Rechtsprechung über die Haltung und Züchtung von Hunden und die Notwendigkeit der Zustimmung des Vermieters in Deutschland nicht einheitlich. Viele Richter meinen, daß die Haltung eines Hundes den Lebensinhalt eines Menschen bereichert und man dies nicht mit Verboten unterbinden darf. Doch leider sind diese Urteile nicht allgemeingültig.

Gerichtsverhandlungen, die aufgrund der Nichtbeachtung von Mietvertragsklauseln entstehen, sind unerfreulich und kostenaufwendig, doch sie lassen sich vermeiden.

HUNDESTEUER ▶ Die Hundesteuer ist eine Gemeindesteuer; ihre Höhe richtet sich gewöhnlich nach der Größe der Ortschaft, in der man wohnt und seinen Hund angemeldet hat. Die Hundesteuerordnung sollten Sie aufmerksam lesen und Ihren Dackel gleich nach der Anschaffung registrieren lassen. Verschiedene Gemeinden geben Steuermarken aus, die am Halsband des Hundes befestigt werden. Hundezüchtern wird durch die Gemeinden eine Ermäßigung gewährt. Sie entrichten dann die sogenannte Zwingersteuer. In solchem Fall müssen Sie einen Nachweis erbringen – am besten durch Vorlage des Zwingerbuches –, daß Sie in jedem Jahr Welpen züchten. Erkundigen Sie sich nach den jeweiligen Bestimmungen und beachten Sie die Anmelde- oder Antragsfristen, um eine solche Ermäßigung zu erhalten, sonst sind Geldverluste unvermeidlich.

HAFTPFLICHTVERSICHERUNG ▶ Im Straßenverkehr muß der Dackel von einer Person begleitet werden, die ausreichend Autorität hat, um auf ihn einzuwirken. Auf belebten und unruhigen Straßen sollte der Hund nie ohne Leine ausgeführt werden. Im Schadensfall, verursacht durch einen Hund, ist der Halter immer schadenersatzpflichtig.

Und wie schnell entstehen solche Situationen! Ein Hund läuft plötzlich über die Straße, einem Fahrrad oder einem Motorradfahrer vor die Räder, dieser stürzt und erleidet körperliche Verletzungen, oder ein Autofahrer versucht einem Hund auszuweichen und verursacht dabei einen Unfall... Die Verantwortung trägt immer der Hundehalter. Handeln Sie also verantwortungsbewußt und schließen Sie rechtzeitig eine Tierhalter-Haftpflichtversicherung ab. Fast alle Gesellschaften versichern Ihren Hund – und damit auch Sie – gegen alle unliebsamen Vorkommnisse.

Gesunde Ernährung

Gesunde Ernährung

Wenn Sie Ihren Dackel richtig ernähren, wird er es Ihnen mit einem glänzenden Fell, mit sichtbarem Wohlergehen und mit einer hohen Lebenserwartung danken. Man sollte bei der Fütterung des Dackels daher einiges beachten.

▸ Regelmäßig füttern

Füttern Sie den Welpen anfänglich nach dem Fütterungsplan, den der Züchter vorgegeben hat. Ab der neunten Lebenswoche erhält der Welpe dann dreimal täglich sein Futter. Ist mit Beginn des siebten Lebensmonats der Zahnwechsel abgeschlossen, so reduziert man die Anzahl der Fütterungen auf zwei Mahlzeiten pro Tag.

Dabei ist die Tageszeit, wann der Dackel sein Fressen erhält, nicht entscheidend. Es gilt der Grundsatz: Immer zur gleichen Zeit füttern! Zum einen trägt dies zur Gesunderhaltung des Dackels bei, zum anderen wird dadurch erreicht, daß der Hund immer geduldig auf seine Mahlzeiten wartet und dabei nicht bettelt. Ab dem neunten Monat können Sie dann dazu übergehen, den Hund nur einmal am Tag zu füttern. Das Beibehalten der zweimaligen Fütterung, die zwar umständlicher ist, aber einer eventuellen Magendehnung beim Dackel vorbeugt, ist jedoch eher zu empfehlen. Dabei können die gegebenen Futtermengen unterschiedlich groß sein, z.B. morgens ein Hundekuchen und mittags die Hauptmahlzeit.

Es gibt Züchter, die einmal pro Woche einen Hungertag befürworten. Dagegen gibt es im Prinzip nichts einzuwenden, es sollte jedoch darauf geachtet werden, daß dem Hund auch in dieser Zeit die notwendige Menge an Vitaminen und Spurenelementen zugeführt wird.

Wie oft füttern?

Alter	*Anzahl der Mahlzeiten*
bis ca. 11 Wochen	4 pro Tag
bis ca. 5 Monate	3 pro Tag
ab 5 Monate	2 pro Tag
ab ca. 12–15 Monate	1 pro Tag

▸ Das Futter

Für Welpen und für den erwachsenen Dackel werden im Zoofachhandel die verschiedensten Fertigfutter angeboten. Sie sind genau auf den Bedarf des Hundes abgestimmt, weisen eine ausgewogene Zusammensetzung und das notwendige Vitaminspektrum auf. Viele Fertigfutter sind zudem auf die jeweilige Lebensphase des Hundes abgestimmt (Welpe, Junghund, erwachsener Hund, alter Hund), und es gibt verschiedene Geschmacksrichtungen.

Lebenswichtige Vitamine

Vitamin	*vorhanden in*	*Wirkung*
A	Mais, Möhren, Spinat	Am Sehvorgang maßgeblich beteiligt; fördert Wachstum jugendlicher Tiere; begünstigt Bildung von Samenzellen.
B1	Gemüse, Getreide, Hefe, Herz, Kleie, Leber, Milch	Fördert Nerven- und Herztätigkeit und den Abbau der mit der Nahrung aufgenommenen Kohlehydrate.
B2	Fisch, Fleisch, Hefe, Leber, Milch, Pflanzen	Förderung des Wachstums und der Stoffwechselvorgänge.
C	Hagebutten, rohe Kartoffeln, Petersilie, Spinat	Steigerung der Abwehrkräfte des Körpers; wird vom Hund in der Leber selbst aufgebaut. In der Trächtigkeit vermehrter Bedarf.
D	Butter, Eidotter, Fischlebertran, Hefe, Leber, Milch, Pilze	Förderung des Mineralstoffwechsels und Knochenaufbaus. Wirkt vorbeugend gegen Rachitis.
E	Erdnußöl, Getreidekeimlinge, Grünpflanzen, Kokosöl	Fördert den Stoffwechsel und die Fortpflanzungsfähigkeit, begünstigt die Milchbildung und Funktion innerer Drüsen (Altersschutzvitamin).
H	Biotin, in großer Menge in Weizenkeimöl	Kann durch Eiklar zerstört werden; Mangel verursacht Haarausfall und Hauterkrankungen.
K	grüne Teile der Pflanzen, tierische Organe	Sorgt für Blutgerinnung bei Verletzungen, Gegenmittel bei Cumarinvergiftung (Rattengift).

Bewegung an der frischen Luft macht hungrig.

Wichtig ist, ob es sich um sogenannte Vollnahrung (Alleinfutter) handelt, die alle für eine gesunde Ernährung notwendigen Stoffe enthält und keiner weiteren Zusätze bedarf, oder beispielsweise um pflanzliche Flocken, die mit Fleisch gemischt werden müssen (selbst zubereitet oder aus der Dose). Manche Dackelbesitzer bevorzugen Trockennahrung, die anderen nehmen Dosenfutter, während dritte selbst zubereitete Nahrung aus Frischfleisch, Gemüse und Haferflocken füttern.

Jegliches Futter können Sie durch Zusätze wie geriebene Möhren, rohe Äpfel, gemahlenes Hirschhorn oder gemahlene Kürbiskerne (verdauungsfördernd) anreichern.

In welchen Nahrungsmitteln sich die für den Hund wichtigen Vitamine finden und was sie bewirken, zeigt die Vitamintabelle auf Seite 35.

▸ Ungeeignetes Futter

Eine ausgewogene Ernährung hält Ihren Dackel gesund und fit. Damit das immer so bleibt, sollten Sie auf jeden Fall ein paar Dinge vom Hundespeiseplan streichen:

Eiklar im rohen Zustand beherbergt ein Glycoprotein, das Avidin. Dies ist ein Gegenspieler des Biotins II (Vitamin H). Beide zusammen bilden einen stabilen Komplex, der weder durch die Darmwand resorbiert noch durch Verdauungsenzyme aufgespalten werden kann. Die Folge ist, daß allmählich wegen Vitamin-H-Verarmung Hauterkrankungen wie Ekzeme und Dermatitis auftreten. Auch die Zufuhr von Vitamin H kann bereits eingetretene Schäden nicht schnell beheben. Durch den Erhitzungsvorgang beim Kochen wird das Avidin im rohen Eiweiß zerstört und unwirksam. Somit ist gegen die Verfütterung von gekochtem Eiweiß nichts einzuwenden.

Rohes **Schweinefleisch** kann Viren der »Aujeszkyschen Krankheit« auf den Hund übertragen und ihn nach 3 bis 10 Tagen an Freßunlust, Apathie und Lichtscheue erkranken lassen. Immer stärker werdender Juckreiz, Zerstörungswut und Tobsucht führen schließlich zum Tode. Nach neueren Erkenntnissen kann auch Rindfleisch im rohen Zustand die Viren übertragen.

Salzhaltige und stark gewürzte **Essensreste** sind kein Hundefutter: Salze und Gewürze sind schädlich für die harnableitenden Wege, die beim älteren Hund ohnehin zu Erkrankungen neigen.

Knochen von Geflügel, Schweine-

»Jetzt brauche ich meinen Mittagsschlaf.«

kotelett und Wild splittern leicht und bilden mit ihren scharfen Spitzen Gefahrenquellen für Magen und Darm. Sie können den Darm verletzen und Notoperationen notwendig machen. Oft dringen unverdauliche Knochensubstanzen bis zum After vor und verursachen hier Störungen wie Verstopfung, permanentes Kotabsatzgefühl und, durch das ständige Pressen, Verletzungen mit Blutungen. Dann ist die Hilfe des Tierarztes nötig.

Schokolade und andere zuckerhaltige Süßigkeiten schaden dem Dackel.

Fütterungstips

- Futter immer zimmerwarm geben, nie kalt aus dem Kühlschrank oder zu heiß.
- Belohnungshäppchen in die tägliche Futterration mit einrechnen.
- Futter- und Wassernapf gründlich reinigen.
- Fertigfutter kühl und trocken lagern, auf das Mindesthaltbarkeitsdatum achten.
- Futterumstellungen von einer Sorte auf die andere nur schrittweise über mehrere Tage vornehmen.
- Futterzusätze nur in Absprache mit dem Tierarzt geben.

Wasser

Flüssigkeit nimmt der Hund nur bei Bedarf zu sich. Bei Nahrung mit normalem Feuchtigkeitsgehalt ist bei dem Hund kaum ein Durstgefühl vorhanden. Trotzdem sollte ein Napf mit frischem Wasser für den Hund jederzeit erreichbar sein.

TIP

Da bei älteren Hunden in der Regel ab dem siebten/achten Lebensjahr die Nierenfunktion nachläßt, brauchen die Tiere in diesem Alter mehr Flüssigkeit.

Bedenken Sie, daß der Hund bei der Fütterung von Trockenfutter, nach übermäßiger Anstrengung, bei sommerlichen Temperaturen, aber auch bei überheizten Räumen im Winter unter stärkerem Durst leidet.

Die Futtermenge

Die Futtermenge, die man einem Dackel pro Tag geben sollte, ist von Hund zu Hund verschieden. Es gibt eine Richtlinie, an der man sich orientieren kann: Der Dackel benötigt pro Tag ca. 40 Gramm Futter pro Kilogramm Körpergewicht. Sinnvoll ist es, dem Dackel den Napf fortzunehmen, sobald er sich erstmalig beim Fressen von diesem entfernt, da er im zweiten Anlauf aus Gier mehr frißt, als unbedingt zur Stillung seines Hungergefühls notwendig ist.

Die hochwertige Ernährung des Dackels wirkt sich auf die Lebensdauer des Tieres aus. Schlanke, wohlernährte und körperlich beanspruchte Hunde haben molligen Tieren, die ihre Körperfülle meist einer unsachgemäßen Ernährung verdanken, einiges an Ausdauer, Zähigkeit und Bewegungsfreude voraus.

Eine gesunde Ernährung führt auch dazu, daß der Hund ein beschwerdefreies, hohes Alter erreicht.

Richtige Pflege

Richtige Pflege

Der Dachshund bedarf einer täglichen Pflege, die regelmäßig durchgeführt werden sollte und die nicht nur die Haarpflege, sondern auch das Reinigen von Augen, Ohren, Zähnen sowie der Geschlechtsöffnungen und des Afters umfaßt.

Fell

Das Bürsten des Fells – Langhaardackel sollten zusätzlich noch gekämmt werden – regt nicht nur die Blutzirkulation an, es steigert auch das Wohlbefinden unseres vierbeinigen Freundes. Dabei achtet man gleich auf Parasiten und eventuelle Hautveränderungen.

Rauhhaarteckel kann man vom Fachmann trimmen lassen. Geschoren werden sie nicht.

Wenn man das regelmäßige Bürsten gewissenhaft durchführt, kann man sich das Baden des Hundes sparen, das sowieso nicht öfter als zweimal im Jahr stattfinden sollte, da bei diesem Waschvorgang der Haut unnötig viel Fett entzogen wird.

Beim Bürsten achtet man auch auf Hautveränderungen und Parasiten.

Langhaarteckel werden zusätzlich regelmäßig gekämmt.

Für den Fall, daß ein Bad unumgänglich geworden ist, empfiehlt es sich, dafür ein speziell für Hunde entwickeltes Shampoo zu verwenden, das rückfettend wirkt und nicht in den Augen brennt.

▶ Augen

Die Augenwinkel des Dackels müssen jeden Morgen mit einem leicht angefeuchteten Wattebausch gereinigt werden.

▶ Ohren

Das vorsichtige Reinigen der Ohren ist nur einmal wöchentlich erforderlich; ein weiches Tuch leistet hierbei gute Dienste. Eine erhöhte Ohrenschmalzproduktion, der mit der normalen Ohrenpflege nicht beizukommen ist, kündigt der Hund durch Kratzen an den Behängen und Schütteln des Kopfes an.

Suchen Sie in solchen Fällen den Tierarzt auf, da nur er – unter Zuhilfenahme eines Otoskops – feststellen kann, ob sich in dem Hundeohr Grannen oder sonstige Fremdkörper befinden, die mit speziellen Instrumenten entfernt werden müssen. Er wird Ihnen dann auch ein Mittel zur Linderung des Juckreizes mit auf den Weg geben.

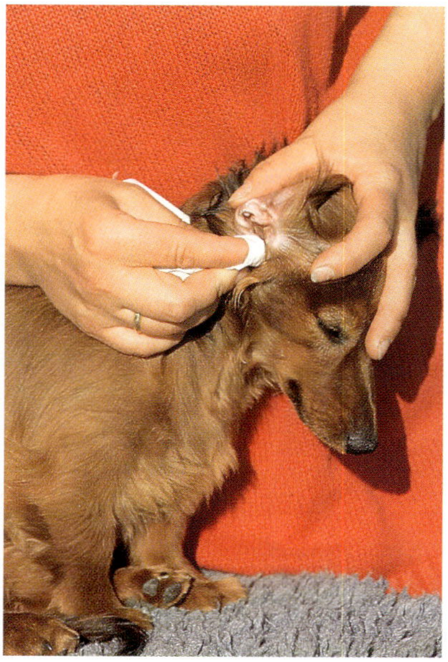

Vorsichtig wird die äußere Ohrmuschel ausgewischt.

Gebiß

Für die Pflege der Zähne benötigt man eine Zahnbürste; Kauknochen und Hundekuchen können jedoch die Bildung von Zahnstein (siehe auch bei Krankheiten, S. 57) erheblich einschränken. Die Zahnpflege sollte regelmäßig einmal wöchentlich vorgenommen werden.

Von klein auf geübt, läßt er sich willig die Zähne inspizieren.

Pflegekalender

täglich

- [ ] Fell bürsten, Langhaarteckel auch kämmen
- [ ] Augenwinkel auswischen
- [ ] After und Geschlechtsteile abwaschen
- [ ] Pfoten kontrollieren

wöchentlich

- [ ] Ohren auswischen
- [ ] Gebiß reinigen
- [ ] Krallen kontrollieren und ggf. kürzen
- [ ] Lagerplatz kontrollieren und ggf. Decken waschen

halbjährlich

- [ ] Kotprobe auf Wurmbefall untersuchen lassen und nötigenfalls entwurmen

jährlich

- [ ] Gesundheits-Check beim Tierarzt
- [ ] Impfungen auffrischen lassen

Geschlechtsteile

Die Öffnungen der Geschlechtsteile wie auch der After sind mit Wasser abzuwaschen und auf diese Weise sauberzuhalten. Bei Rauhhaar- und Langhaardackeln ist es mitunter notwendig, das den After umgebende Haar gründlich zu säubern.

Scheuen Sie diese kleinen Notwendigkeiten nicht, denn ohne dieses Pflege-Einmaleins fühlt sich Ihr Hund nur halb so wohl!

Pfoten und Krallen

Nach jedem Spaziergang werden die Pfotenballen auf eventuell eingetretene Fremdkörper hin untersucht.

Wenn die Krallen sich nicht von selbst genügend ablaufen, müssen sie gekürzt werden. Dafür gibt es spezielle Krallenzangen im Zoofachhandel, mit denen nur die äußerste Spitze der Kralle gekürzt wird, damit man nicht versehentlich in den durchbluteten Teil schneidet. Wer beim Krallenschneiden unsicher ist, kann es sich vom Züchter, Tierarzt oder Zoofachhändler zeigen lassen.

Rundum gesund

Rundum gesund

▸ Angeborene Fehler

Wenn von »typischen« Dackelkrankheiten die Rede ist, dann sind damit die Erkrankungen gemeint, die genetisch bedingt sind, d.h. die an nachfolgende Generationen weitergegeben werden. Hinweise für Erbfehler sind:

– das häufige Auftreten einer bestimmten Mißbildung in einer Rasse,
– wenn Defekte ausschließlich oder hauptsächlich bei den Nachkommen eines bestimmten Rüden auftreten.

Hunde, die unter den im folgenden beschriebenen Krankheiten leiden, gehören sofort in die Behandlung eines Tierarztes. Die erkrankten Tiere sind von der Zucht auszuschließen.

SCHWARZWUCHERHAUT ▸ Die Acanthosis nigricans ist eine Hauterkrankung, die mit einer gesteigerten und krankhaft veränderten Absonderung der Talgdrüsen einhergeht und zu einer Verdickung, Faltenbildung und schwarzen Verfärbung der Haut an den Innenschenkeln, der Achselhöhle, der Brust und der Bauchhaut führt.

Hauptsächlich sind Kurzhaardackel von dieser Erkrankung betroffen. Man nimmt als Ursache eine Fehlfunktion mehrerer Drüsen (multiglanduläre Störung) mit Beteiligung der Schilddrüse und der Nebennierenrinde an.

Natürlich kann der Tierarzt eine Acanthosis behandeln. Es kommt darauf an, welches Stadium vorliegt. Feuchte Erscheinungen der erkrankten Stellen werden mit Salicyl-Tanin-Spiritus zur Austrocknung gebracht. Trocken-schuppende Formen können mit Fettsalben ohne oder auch mit Corticosteroiden – zumindest über einen längeren Zeitraum – zur allmählichen Heilung gebracht werden. Man hat auch schon Abheilungen gesehen, die von sehr langer Dauer waren. Züchter sollten aber bedenken, daß die genetische Konstellation zu beachten ist.

TECKELLÄHME, DACKELLÄHME ▸ Die Diskopathie ist die bekannteste und zugleich gefürchtetste Krankheit des Dackels. Sie tritt meist im Alter von fünf bis sieben Jahren auf, doch erste Anzeichen können auch zu einem früheren oder späteren Zeitpunkt festgestellt werden. Oftmals zeigt sich nur eine Verspannung der Rückenmuskulatur mit leichten Schmerzen nach einer plötzlichen ungewohnten Bewegung. Wird von seiten des Tierarztes der Schmerz ausgeschaltet, verschwinden diese Verspannungen, und der Dackel fühlt sich wieder wohl. Manchmal tritt aber in wenigen Stunden eine

Der jährliche Gesundheits-Check beim Tierarzt ist Pflicht.

Lähmung der Hinterhand ein. Die Hunde zeigen eine robbenartige Stellung der Hinterbeine, die sie förmlich hinter sich herziehen.

Bei den ersten Anzeichen von Dackellähme sollte umgehend ein Tierarzt aufgesucht werden. Nur er kann entscheiden, ob eine Operation erforderlich ist oder ob Injektionen oder konservative Behandlungen die erwünschte Heilung bringen.

Untersuchungen einer Schweizer Tierärztin, die über einen längeren Zeitraum hinweg über zweihundert Dackel auf Verkalkung der Zwischenwirbelscheiben untersuchte, ergaben, daß bei 49% der Dackel die Krankheit »Dackellähme« zum Ausbruch kam, bei denen man schon im frühen Alter – sie wurden nach Vollendung des ersten Lebensjahres erstmalig geröntgt – Verkalkungen der Zwischenwirbelscheiben festgestellt hatte; bei nur 13% der Hunde mit diesem frühen krankhaften Erscheinungsbild kam es zu keiner Verschlimmerung des Krankheitsbildes.

Die Hunde, die im Alter von einem Jahr – und auch zu späteren Zeitpunkten – keine Verkalkungen der Zwischenwirbelscheiben zeigten, blieben von der Dackellähme verschont. Man kann also schon recht frühzeitig erkennen, ob ein Dackel in Gefahr ist, an Dackellähme zu erkranken. An jeden Züchter deshalb den Rat, seine Hunde, mit denen er zu züchten beabsichtigt, rechtzeitig röntgen zu lassen!

Etliche Genetiker an den Zentren in Hannover, Gießen, Bonn und Wien befassen sich z.Zt. mit Forschungen über weitere Früherkennungsmöglichkeiten. Der Deutsche Teckelklub hält ständig Kontakte zu den Wissenschaftlern.

Ist bei Ihrem Dackel nun eine Schmerzhaftigkeit im Rücken nach einem Unfall, nach einer falschen Bewegung oder nach einer Überanstrengung aufgetreten, die er durch schonende Bewegung und Schmerzäußerungen beim Hochheben oder auch nur bei bloßem Berühren zeigt, dann sollten Sie nicht bis zum nächsten Tag warten. Unverzüglich sollten Sie den Tierarzt anrufen und um einen eiligen Termin bitten. Er entscheidet, ob eine Operation notwendig ist. Wenn diese nach dem Röntgenbefund unumgänglich ist, so sollte schnellstens gehandelt werden, damit der Druck des vorgefallenen Zwischenwirbels auf das Rückenmark behoben wird. Meist wird dieser Zeitpunkt verpaßt. Dann ist eine konservative Behandlung einzuleiten, die mit Injektionen vorgenommen wird.

Bei eingetretener Lähmung der Hinterhand kann der Teckelbesitzer selbst mitwirken, den oft langwierigen Heilungsprozeß zu fördern. Ein Reizstromgerät hat in vielen Fällen eine rasche Wiederbelebung der lädierten Nerven bewirkt.

TIP

Bewegungstherapie soll einem eventuell auftretenden Muskelschwund der Hinterläufe entgegenwirken: Tägliches Schwimmen läßt bald Fortschritte erkennen. Ich habe Hunde erlebt, die nach einer kompletten Lähmung der Nachhand bereits in drei bis vier Wochen wieder vollständig gesundeten, wobei auch homöopathische Heilmittel sehr wirkungsvoll waren.

HARNSTEINE ▶ Harnsteine treten vornehmlich bei Rüden auf. Trotz häufigen Harndrangs kann der Urin nur tröpfchenweise abgesetzt werden. Die Bildung solcher Steine wird durch Harnwegsinfektionen begünstigt. Deshalb ist nach der Steinentfernung eine Behandlung der Infektion von besonderer Wichtigkeit. Schon im Vorfeld der Krankheit gibt es Tests zur Früherkennung gefährdeter Hunde.

NACHTBLINDHEIT ▶ Bei der Progressiven Retina-Atropie (PRA) handelt sich um eine erblich bedingte Verödung der Netzhaut, dem Teil des Auges, der das Bild von außen empfängt und es an den Sehnerv weiterleitet. Der Verfall der Netzhaut tritt beim Dackel im Alter von ca. 1 $^1/_2$ bis 5 Jahren auf und führt allmählich zur totalen Erblindung. Es erkranken nur Hunde, deren beide Elternteile Genträger dieser erblichen Augenkrankheit sind.

Da diese Erblindung beim Dackel häufiger vorkommt, als man bisher annahm, sollten Hundebesitzer, deren Hunde vorzeitig erblinden, ihre Beobachtungen den zuständigen Zuchtgremien mitteilen und die erkrankten Hunde untersuchen lassen. Nur so kann dieser fortschreitenden Netzhauterkrankung durch Selektion in bestimmten Zuchtlinien bzw. Deckverbot Einhalt geboten werden.

Die tierärztlichen Augenkliniken an den Universitäten Gießen, Berlin, Hannover, München, Utrecht und weitere sind mit dem Vorgehen vertraut und stehen den Hundebesitzern für die Untersuchungen und Beratungen zur Verfügung.

TIP

Es gibt auch eine Reihe von niedergelassenen Tierärzten, die augenheilkundlich versiert sind und solche Untersuchungen vornehmen können.

Neuere Untersuchungen haben ergeben, daß die Dackelrassen zu ca. 1,7% von dieser nicht zu heilenden Augenerkrankung befallen sind. Durch Selektion in bestimmten Linien müssen die Verantwortlichen in den Klubs die Eindämmung erreichen.

LINSENTRÜBUNG ▶ Die Linsentrübung (Katarakt) kann einen genetischen Hintergrund haben. Tritt sie bei Hunden im Alter von 3 Monaten bis 3 Jahren auf, so spricht man von einer juvenilen Katarakt. Ab ca. 5 Jahren auftretende Linsentrübung bezeichnet man als Alterskatarakt. Die jugendlichen Formen sollten zum Zuchtausschluß führen. Wenn auch durch Operation eine Katarakt beseitigt werden kann, muß doch die Vererblichkeit berücksichtigt werden.

Neue Untersuchungen haben ergeben, daß 5,2% der Dackel an Linsentrübung erkrankt sind. Dabei kann allerdings nicht unterschieden werden, wie viele Tiere die in der Jugend auftretende (erbliche) und wie viele die durch andere Ursachen entstandene Alterskatarakt aufwiesen.

HORNHAUTENTZÜNDUNG ▶ Auch die Hornhautentzündung (Keratitis) mit geschwüriger Entartung kann eine erbliche Grundlage haben. Sie tritt zwar recht selten bei Dachshunden – meist bei Langhaar-Teckeln – auf, sollte aber nicht auf die leichte Schulter genommen werden. Im Veterinär-Institut in Leipzig sind über diese erbliche Augenerkrankung, die besonders im Thüringer Raum auftrat, genaue Untersuchungen erfolgt. Im Bedarfsfall können Tierärzte hier Auskünfte einholen.

Weitere z.T. genetisch bedingte Augenkrankheiten wie Entropium, Ektropium, Linsenluxation haben in der Dakkelzucht kaum Bedeutung.

Andere erbliche Erkrankungen gibt es, wenn auch bei anderen Hunderassen häufiger, gelegentlich:

ALLERGIEN ▶ Allergien mit Reaktionen an Haut, Darm, Magen und Schleimhaut von Nase, Ohren und Maul treten seit einiger Zeit häufiger auf. Ursachen und Auswirkungen werden erforscht und die Ergebnisse in absehbarer Zeit zur Verfügung stehen.

DIABETES MELLITUS ▶ Die Zuckerharnuhr kommt gelegentlich auch beim Dackel vor. Die Tiere erkranken im Alter von vier bis sechs Jahren und zeigen ein starkes Durstgefühl. Mit Teststreifen kann ein hoher Glucosegehalt im Harn nachgewiesen werden. Die Behandlung erfolgt mit Insulin, das je nach Größe und Gewicht des Dackels dosiert wird. Auf diese Weise können das Durstgefühl und der Zuckergehalt im Blut reduziert werden. Sicherlich ist eine solche Behandlung sinnvoll, aber Folgeerscheinungen wie Katarakte und Abmagerung sind nicht zu vermeiden.

WEITERE KRANKHEITEN ▶ **Epileptiforme Anfälle,** Erscheinungen wie sie ähnlich der Epilepsie des Menschen auftreten können, ohne mit diesen identisch zu sein, bedürfen noch grundlegender Untersuchungen. Die langfristige Behandlung besteht in Gaben von hochdosiertem Vitamin-B-Komplex und gelegentlich, im Anfallsstadium, von sedierenden Mitteln.

Gelenkserkrankungen der Hüfte haben beim Dackel kaum Bedeutung. Doch gibt es Erkrankungen im Schulterbereich, die erblich sein können. Auch hier müssen noch klinische Untersuchungen durchgeführt werden.

Herzerkrankungen können ebenfalls angeboren sein. Es versteht sich von selbst, daß nur nach eingehenden Untersuchungen Ratschläge erteilt werden können. Bei solchen Defekten sollte man mit den Tieren nicht züchten.

Mammatumore, bösartige Geschwülste im Gesäuge der Hündinnen, treten in bestimmten Zuchtlinien gehäuft auf, was ebenfalls eine genetische Disposition vermuten läßt. Sicher werden auch diese Vermutungen bald Aufklärung finden. Vorhandene Tumore können durch Radikaloperation beseitigt werden.

Ein besonderes Augenmerk lenke man auf **Nabelbrüche.** Sie sind durch gehäuftes Auftreten in den Verdacht genetischer Anlage gekommen. Zu dünne Bauchmuskulatur begünstigt solche Brüche, die früher einem fehlerhaften Abnabeln durch die Hündin zugeschrieben wurden.

Bei Tigerteckeln können **angeborene Blindheit** oder **Taubheit** auftreten, wenn der Merlefaktor dafür verantwortlich ist. **Wesensanomalien** haben mit Sicherheit eine genetische Basis, wenn auch Umwelteinflüsse hier ein verstärktes Auftreten provozieren können.

Eine große Aufgabe für die Wissenschaftler und die Verantwortlichen in den Zuchtvereinen steht im Raum. Diese Verantwortung kann nur von Klubs übernommen werden, die über das notwendige züchterische und finanzielle Potential verfügen, das heißt eine große Mitgliederzahl haben. Das heißt aber auch, daß diese Mitglieder in der Mehrzahl bereit sein müssen, durch ehrliche und offene Mitarbeit an Analysen mitzuwirken und züchterisch notwendige Maßnahmen konsequent mitzutragen.

▶ Infektionskrankheiten

Krankheiten, die durch Ansteckung übertragen werden, nennt man Infektionskrankheiten. Dazu gehören sowohl die Erkrankungen, die durch Viren (z.B. Staupe, Tollwut), als auch diejenigen, die durch Bakterien (z.B. Starrkrampf, Salmonellose) hervorgerufen werden.

Nachstehend sind die am häufigsten auftretenden Infektionskrankheiten aufgeführt.

STAUPE ▶ Wenn auch die Staupe (Carrésche Krankheit) mittlerweile ihren großen Schrecken früherer Jahre verloren hat, so soll davor gewarnt werden, den Impfschutz im Laufe der

Lebensjahre eines Hundes zu vernachlässigen. Es hat sich gezeigt, daß ältere, nicht mit Wiederholungsimpfungen versorgte Dackel an Staupe erkrankten.

Zu einem fortgeschrittenen Krankheitsstadium ist die Behandlung recht schwierig, da gezielt nur im fieberhaften Anfangsstadium, das nur einige Stunden bis wenige Tage dauert, mit Serumgaben eine erfolgversprechende Therapie vorgenommen werden kann.

Symptome dieses Anfangsstadiums, auch Virusstadium genannt, sind Appetitlosigkeit und Mattigkeit infolge des bis zu 41 °C ansteigenden Fiebers. Nasenausfluß wäßriger Art, Entzündungen der Schleimhäute der Augen, im Rachenraum und nicht zuletzt im Magen und Darm stellen sich ein. Gelegentlich beobachtet man Erbrechen.

Nach einem bis zu siebentägigen fieberfreien Intervall – nach Abklingen des hochfieberhaften Anfangsstadiums – folgt das Sekundärstadium. Infektionen mit Bakterien, die sich nach der anfänglichen Schwächung des Organismus im Virusstadium besonders ausbreiten konnten, sorgen für Fieberschübe, die in Intervallen verlaufen. Nun machen sich die verschiedensten Lokalerscheinungen bemerkbar: Der Atmungstrakt läßt deutlich eine Bronchitis erkennen. Starker eitriger oder schleimiger Nasenausfluß, Schwellung der Mandeln und Husten sind die Folgen. Magen und Darm werden angegriffen, es kommt zu Durchfall und zu mehr oder weniger starkem Erbrechen, das zu starker Abmagerung führt. Eine gezielte antibiotische Behandlung wird notwendig, wobei eine entsprechende Diät einzuhalten ist.

Aber auch an den Nieren und den harnabführenden Wegen können Krankheitserscheinungen auftreten. Das Herz kann schwer in Mitleidenschaft gezogen werden, z.B. können sich Entzündungen am Herzmuskel und am Herzbeutel einstellen, die zur Herzschwächung (Herzinsuffizienz) führen. Die Augen können mit Lidbindehautentzündungen (Konjunktivitis) und Hornhautentzündungen bis hin zu Geschwüren reagieren. Die Gehörgänge zeigen mitunter schwere eitrige Entzündungen.

An das scheinbar ausgeheilte Sekundärstadium kann sich noch ein drittes nervöses Stadium anschließen. Ein gesteigerter Appetit, verschleierter Blick und rhythmische Zuckungen der Kopfmuskulatur sind die ersten Anzeichen, die sich zu regelmäßigen Krämpfen des gesamten Körpers, Lähmungserscheinungen oder unkoordinierten Bewegungsabläufen ausdehnen können. In den meisten Fällen tritt der Tod ein, oder der Hund muß eingeschläfert werden.

HARTBALLENKRANKHEIT ▶ Die Hartballenkrankheit ist eine sehr gefährliche abgewandelte Form der Staupe. Der Verlauf ist schneller und bösartiger. Die Symptome gleichen denen der Staupe, wobei die fieberfreie Zwischenzeit fehlt. Zusätzlich kommt es in der zweiten Krankheitswoche zu Verhornungen der Ballen und manchmal auch des Nasenspiegels.

Diese Krankheitsform tritt nicht so häufig auf wie die Staupe; ihre Sterblichkeitsrate liegt jedoch wesentlich höher. Die Inkubationszeit zwischen Ansteckung und Ausbruch der Krankheit beträgt, wie bei der Staupe, drei bis sechs Tage.

TOLLWUT ▶ Erste Krankheitserscheinungen zeigen sich bei der Tollwut (Lyssa) in einer Verhaltensänderung der Tiere. Bis dahin folgsame und freundliche Hunde werden mißtrauisch und widerspenstig. Sie verkriechen sich und verweigern die Futteraufnahme; auf der anderen Seite werden unverdauliche Gegenstände, wie z.B. Holz, Steine, etc., benagt und verschluckt. Die Hunde besitzen einen unbezähmbaren Drang zu entweichen und irren planlos umher, wobei sie manchmal große Entfernungen zurücklegen. Von der Tollwut infizierte Hunde gehen auf alle Dinge aggressiv los, die ihnen in den Weg kommen.

Nach drei bis vier Tagen tritt eine Schlucklähmung ein, gefolgt von einer Lähmung des Unterkiefers und der gesamten Nachhand. Die Hunde sterben – die Krankheit verläuft stets tödlich – zwischen dem fünften bis zehnten Tag nach Ausbruch der Krankheit.

Tollwut wird mit dem Speichel der infizierten Tiere – durch Bißwunden oder auch kleine Hautwunden – nicht nur auf Tiere, sondern auch auf den Menschen übertragen. Da jede ausgebrochene Tollwuterkrankung sowohl beim Menschen als auch beim Tier tödlich verläuft, müssen sich Personen, die mit einem infizierten Tier in Berührung gekommen sind, sofort in ärztliche Behandlung begeben. Es besteht die Gefahr, daß infizierte Tiere bereits drei bis fünf Tage vor Krankheitsausbruch diese Infektion übertragen; äußerste Vorsicht ist vor allem für Personen geboten, die mit Wildtieren umgehen müssen (z.B. Förster, Jäger, Präparatoren und Fuchswarte).

Es wurden staatliche Maßnahmen ergriffen, um der Tollwut Einhalt zu gebieten: Sperrbezirke wurden eingerichtet (Hunde dürfen dort nicht frei herumlaufen, Maulkorb- und Leinenzwang); Schluckimpfung für Füchse, die immer noch die Hauptüberträger der Tollwut sind, werden inzwischen vorgenommen.

TIP

Nur eine durchgeführte, gültige Schutzimpfung kann Ihren Hund vor der Nottötung retten, wenn er von einem infizierten Tier gebissen wurde. Der Ausbruch von Tollwut oder der Seuchenverdacht muß unverzüglich bei der Gemeinde gemeldet werden.

INFEKTIÖSE LEBERENTZÜNDUNG ▶ Die Hepatitis contagiosa canis (H.c.c.) nimmt einen der Staupe ähnlichen Verlauf, unterscheidet sich jedoch durch ein fieberhaftes Zwischenstadium, das bei der Staupe fehlt. Eine Ansteckung erfolgt nur über den direkten Kontakt zu infizierten Tieren. Im akuten Verlauf treten Hornhauttrübungen, Schwellungen der Lymphknoten im Bereich des Unterkiefers und Mandelentzündungen auf. Hornhauttrübungen gelten bei einem chronischen Verlauf der Krankheit als eine typische Folgeerscheinung. Sterben Welpen, die älter als zwei Wochen sind, plötzlich innerhalb von 24 Stunden, so besteht immer Verdacht auf H.c.c.

LEPTOSPIROSE ▶ Die im Volksmund als »Stuttgarter Hundeseuche« bezeichnete Leptospirose tritt in zwei Formen auf. Die Krankheitserscheinung ohne Gelbsucht, durch den Erreger Leptospira canicola hervorgerufen, wird vom Hund übertragen. Beim Auftreten von Gelbsucht handelt es sich um den Erreger Leptospira icterohämorrhagiae, dessen Überträger hauptsächlich Ratten sind. Die Gelbsuchtform hat meist einen schweren Krankheitsverlauf; die Behandlung wird mit Antibiotika vorgenommen.

Die verschiedenen Erreger führen also zu unterschiedlichen Krankheitsbildern und sind auch für andere Tiere und den Menschen krankheitserregend (Weilsche Krankheit des Menschen!). Nierenentzündungen, Lidbindehautentzündung, Muskelschmerzen im Rücken und leichte Hinterhandlähmungen sowie Durchfall und Herz-Kreislauf-Schwächen können als Symptome auftreten.

PARVOVIROSE ▶ Die oft fälschlicherweise als »Katzenseuche« bezeichnete Krankheit tritt seit einiger Zeit beim Hund auf. Diese Infektionskrankheit ist mit Recht sehr gefürchtet. Ein kleiner Virus (parvus, lat. = klein), ähnlich dem Masernvirus beim Menschen, verursacht Fieber und Brechdurchfall, infolgedessen der Körper rasch auszutrocknen droht (starke Mattigkeit ist die Folge). Befallen werden Tiere jeden Alters, wobei Welpen in besonderem Maße gefährdet sind.

TIP

Regelmäßige Impfungen haben bewirkt, daß diese Krankheit nur noch selten ausbricht. Die Angst vor Impfschäden ist bei fachgerechter Durchführung der Impfung unbegründet. Sie wird reaktionslos und ohne Komplikationen vertragen.

Während die Krankheit bei Welpen zwischen der 2. und 12. Woche zu einer Herzmuskelentzündung führt (ein schneller Herztod kann die Folge sein), zeigen sich bei älteren Tieren Erbrechen und Durchfall.

SALMONELLOSE ▶ Salmonellose wird durch die verschiedenen Erreger der Salmonella-Gattung hervorgerufen. Sie tritt beim Hund nur sehr selten – meist als Begleiterscheinung – auf. Der Verlauf der Erkrankung ist uncharakteristisch, oft symptomlos. Am ehesten kann Durchfall, häufig mit Erbrechen, beobachtet werden. Des weiteren kann es zu Milz- und Leberschwellungen, Mandelentzündungen, Bronchitis, Gelbsucht und Herz- und Kreislaufschwächen kommen. Nur bakteriologische und serologische Untersuchungen können die Diagnose sichern. Zur Behandlung werden Antibiotika eingesetzt.

STARRKRAMPF ▶ Der Starrkrampf (Tetanus) wird durch den Erreger *Clostridium tetani,* ein sporenbildendes Bakterium, hervorgerufen. Sein Gift läßt nach einer Inkubationszeit – wenige Tage bis zu zwei Monate – die Krankheitssymptome auftreten. Erste typische Erscheinungen einer Infektion sind eine Stirnhautfältelung mit Engstellung der Ohren und nach rückwärts gezogene Mundwinkel. Später geht der Muskelkrampf in eine Steifheit der Rumpf- und Gliedermuskulatur über. Eine Sägebockstellung der Beine und Steifhaltung der Rute sind die Folge. Leichte Reize provozieren eine größere Reflexerregbarkeit und führen zu Krampfzuständen. Heilseren können eine Besserung bei rechtzeitiger Anwendung herbeiführen. In jedem Fall sind muskelerschlaffende Mittel zu geben. Hunde infizieren sich jedoch sehr selten.

WELPENSTERBEN ▶ Das Welpensterben (Herpes-Virus-Infektion) ist eine Infektionskrankheit, gegen die es keine wirksame Impfprophylaxe gibt. Dennoch sollten Hündinnen bei Krankheitsverdacht in der letzten Trächtigkeitswoche paramunisiert werden, d.h., die Körperabwehr wird durch Medikamente (sog. Paramunitätsinducer) gestärkt. Einen besonders gefährdeten Wurf muß der Tierarzt nach der Geburt behandeln. Wenn eine Hündin einmal eine Virusinfektion überstanden hat, sind sie und auch alle ihre Welpen gegen diese Krankheit immun.

Besonders gefährdet sind Welpen in den ersten vier Lebenswochen. Symptome der Herpes-Virus-Infektion sind Saugunlust, Schreien der Welpen, gelblichgrünlicher Durchfall und Blutungen in den Schleimhäuten. Die klinischen Erscheinungen dauern oft nur ein bis zwei Tage an. Je jünger der Welpe ist, desto größer ist die Wahrscheinlichkeit, daß er an dieser Krankheit stirbt. Welpen, die älter als zwei Wochen sind, kümmern eine Zeitlang, bis sie sich anschließend von der Krankheit erholen.

ZWINGERHUSTEN ▶ Die Laryngotracheitis äußert sich in einem kurzen, trockenen Husten mit Brechreiz. Fieber tritt meist nicht auf. Besonders junge Hunde in Zwingern erkranken nach einer Inkubationszeit von vier bis zehn Tagen. Nur selten führt dieser »Kennel Cough«, wie er im englischen Sprachgebrauch genannt wird, zum Tode. Dennoch ist es empfehlenswert, in Zuchtzwingern vor dem Verkauf der Welpen eine zweimalige Grundimmunisierung mit einer Zwingerhusten-Kombinationsvakzine vorzunehmen (Vakzine-Therapie: Abgetötete Erreger werden wiederholt in den erkrankten Organismus gespritzt, um die natürliche Immunkörperbildung anzuregen). Vor der kalten Jahreszeit sollte sie zusammen mit der SHL-Impfung (gegen Staupe, Hepatitis und Leptospirose) vorgenommen werden.

Jährliche Auffrischungen sind erforderlich. Die Erkrankungen der Atemwege (respiratorische Erkrankungen), z.B. Nasenausfluß etc., werden mit Antibiotika und hustenstillenden Mitteln verhältnismäßig rasch behoben.

TOXOPLASMOSE ▶ Hierbei handelt es sich ebenfalls um eine Krankheit, die sowohl Tiere als auch Menschen befallen kann. Eine besonders große Gefahr besteht für Feten werdender Mütter in der Schwangerschaft und für Kleinstkinder. Meistens kommt es jedoch zu einer symptomlosen Erkrankung (sog. stumme Infektion), von der keine Gefahr für den Menschen ausgeht.

Häufig tritt die Toxoplasmose als Begleiterkrankung zu anderen Infektionskrankheiten (z.B. Staupe, Leptospirose) auf. Die Symptome sind vielseitig und reichen von Ermüdungserscheinungen über Lymphknotenschwellungen bis hin zu einer Gehirnhautentzündung. Ansteckungquellen sind wahrscheinlich rohes Fleisch, rohe Eier u.ä., evtl. auch Katzenkot.

Die Krankheiten, die durch Viren und Bakterien hervorgerufen werden, haben glücklicherweise – durch die Einführung von Schutzimpfungen – ihre Gefährlichkeit verloren. Heute sind die Schutzimpfungen so ausgerichtet, daß man mit einer einzigen Injektion mehreren Infektionskrankheiten gleichzeitig vorbeugen kann. Wissenswertes über Impfungen und ihren Modus erfahren Sie im folgenden Abschnitt.

An dieser Stelle sei noch einmal darauf hingewiesen, wie wichtig es ist, daß der Dackelbesitzer seinen Hund stets im Auge behält. Nur so können erste Krankheitsanzeichen rechtzeitig bemerkt und behandelt werden. Bei Erscheinungen wie z.B. Erbrechen, Durchfall, Augen- oder Nasenausfluß, Husten, Schweratmigkeit oder Juckreiz etc., die plötzlich auftreten, sollte man bald zum Tierarzt gehen. Oft wird kostbare Zeit verloren und die Behandlung dadurch nur unnötig erschwert!

Eine Möglichkeit, Infektionskrankheiten rechtzeitig zu erkennen, ist durch das regelmäßige Messen der Körpertemperatur des Hundes gegeben, da Fieberschübe immer auf eine mögliche Infektion hindeuten (die Normaltemperatur beträgt 39 °C).

▸ Impfungen

Schutzimpfungen erfolgen beim Welpen im Alter von acht bis neun Wochen. Bis zu diesem Zeitpunkt hat der Welpe noch den maternalen Schutz, d.h., er hat Antikörper in seinem Blut, die ihm vor der Geburt und während der Säugephase von der Hündin mit auf den Weg gegeben wurden. Mit zunehmendem Alter läßt dieser Antikörperschutz nach; er erlischt ab der zehnten Lebenswoche. Deshalb müssen die notwendigen Schutzimpfungen durchgeführt sein. Den genauen Zeitpunkt kann man der Impftabelle entnehmen.

Zunächst wird eine Grundimmunisierung gegen die Viruserkrankungen Staupe und Hepatitis vorgenommen. Gleichzeitig sollten die Schutzimpfungen gegen Leptospirose und Parvovirose erfolgen, da diese beiden Erkrankungen ebenfalls im Welpenalter auftreten können. Diese Impfungen sollten dann nach zwei bis vier Wochen wiederholt werden, damit ein sicherer Impfschutz erzielt wird.

Die Tollwutimpfung wird meistens dann durchgeführt, wenn der Zahnwechsel beim Hund beendet ist. Soll der Dackel jedoch zu einer jagdlichen Ausbildung gehen oder planen Sie eine Reise ins Ausland, so muß die Impfung früher erfolgen. Die meisten Länder verlangen bei der Einreise einen gültigen, d.h. mindestens vier Wochen alten Tollwutimpfschutz. Man muß

Impfkalender

Krankheit	*6. Woche*	*8.–10. Wo.*	*ab 12 Wo.*	*Wiederholung*
Parvovirose	(X)	X	X	jährlich
Staupe	–	X	X	alle 2 Jahre oder jährlich
Hepatitis	–	X	X	alle 2 Jahre oder jährlich
Leptospirose	–	X	X	jährlich
Tollwut	–	X	X	jährlich

beachten, daß einige Länder eine amtstierärztliche Bestätigung dieser Impfung verlangen.

Schutzimpfungen muß jeder Dackel haben, bevor er tätowiert wird, denn der Impfpaß muß bei der Tätowierung vorgelegt werden. Die Nummer, die der Welpe in seinen Behang eintätowiert bekommt, wird im grünen Querstreifen auf der Vorderseite des Impfpasses vermerkt. Damit ist jederzeit die Kontrolle möglich, ob der jeweils vorliegende Impfpaß auch zu dem betreffenden Dackel gehört.

Man bedenke: Jeder Impfschutz besteht nur dann ein Hundeleben lang, wenn regelmäßig Wiederholungen vorgenommen werden.

▸ Hautkrankheiten

Wenn der Dackel unter Hautkrankheiten leidet, kann der Tierarzt anhand einer mikroskopischen Untersuchung von Hautgeschabsel sehr rasch erkennen, ob Milben (Hautparasiten) oder Mykosen (Pilze) die Ursache sind.

Bei Pilzbefall behandelt man den Hund mit Fungiziden, das sind Substanzen, mit denen man die Pilzorganismen abtötet und die Erkrankung zur Abheilung bringt. Weitere Kontrolluntersuchungen sind auch nach Abklingen der Pilzkrankheit empfehlenswert.

▸ Hautparasiten

Zu den Ektoparasiten – Parasiten, die sich auf der Haut des Hundes befinden – zählen die verschiedenen Milbenarten.

Die **Sarkoptes-Räude** geht auf die schildkrötenartige Grabmilbe (*Sarcop tis canis*) zurück, die sich in die äußeren Hautschichten des Hundes bohrt, um dort ihre Eier abzulegen. Starker Juckreiz und eine ständige Unruhe sind die ersten Anzeichen für einen Befall des Hundes. Eine Übertragung auf den Menschen ist möglich, jedoch nach einer kurzen Behandlung ist sowohl der Hund als auch der Mensch die Grabmilbe wieder los.

Auch bei der **Demodikose** bohrt sich der Parasit (*Demodex canis*) in die Haut ein. Kurzhaarige Hunderassen – also auch Dackel – werden besonders häufig befallen. Die Demodexmilbe treibt ihr »Unwesen« in den Haarbälgen. Es besteht kein bzw. nur ein geringer Juckreiz; kahle Stellen am Kopf und am Hals sind ein erstes Anzeichen für einen Befall des Hundes mit der Demodexmilbe.

Ohrmilben (*Otodectes cynotis*) sind die Erreger der Ohrräude. Sie sitzen im äußeren Gehörgang des Hundes und stecken dort in der Haut. Sie rufen einen starken Juckreiz und manchmal auch schmerzvolle Entzündungen hervor. Häufiges Ohrenschütteln und Ohrenkratzen sind die ersten Symptome. Es erkranken besonders Hunde, die zusammen mit anderen Hunden in Zwingern gehalten werden.

Die **Zecke** (*Ixodes ricinus*), auch unter der Bezeichnung Holzbock bekannt, tritt im Sommer und im Herbst auf. Die Parasiten saugen sich mit Blut voll, bis sie ein Mehrfaches ihrer ursprünglichen Größe erreicht haben. Zecken, die man im Hundefell erspüren kann, darf man keinesfalls herausreißen, da dabei der Kopf der Zecke abgerissen werden könnte. Der in der Haut verbliebene Kopf kann eiternde Entzündungen hervorrufen. Richtiges Vorgehen: Die Zecke ganz vorn am Kopf mit einer speziellen Zeckenzange packen

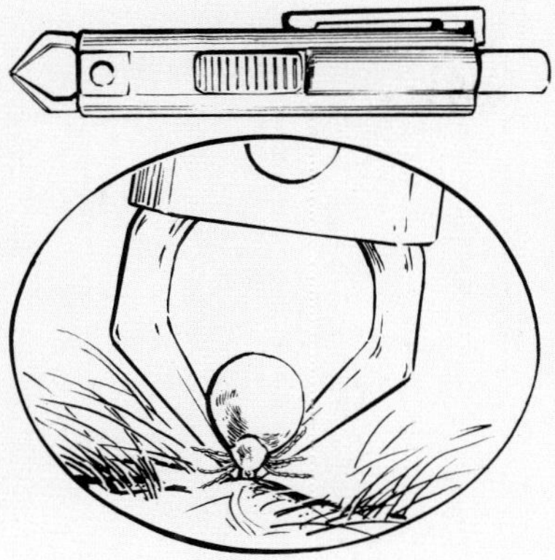

Die Zecke wird ganz vorn am Kopf mit der Pinzette gefaßt und vorsichtig mitsamt den Mundwerkzeugen herausgedreht.

und vorsichtig mit einer leichten Drehung entfernen.

Der Hund kann das ganze Jahr über von **Flöhen** (*Ctenocephalides canis*) befallen werden. Juckreiz, vor allem an den Ohren und am Hals, sind die ersten Anzeichen für einen Flohbefall. Abhilfe schaffen Sprays, spezielle Puder und Anti-Floh-Halsbänder. Da der Floh einer der Überträger des Bandwurmes ist, sollte bei einem Flohbefall des Hundes gleichzeitig eine Wurmkur durchgeführt werden.

Eine moderne Art der Ungezieferbekämpfung ist das Aufträufeln eines Präparates auf die Haut. Die Substanz wird durch die Haut resorbiert und verteilt sich über den gesamten Organismus. Flöhe können also direkt am Tier beseitigt werden. Besser ist es aber, zusätzlich auch die Umgebung, das Lager des Hundes, mit geeigneten Mitteln zu behandeln.

▸ Endoparasiten

Endoparasiten halten sich innerhalb des Organismus auf. Zu ihnen zählen die verschiedenen Wurmarten.

Spulwürmer finden sich meist bei Welpen. Sie werden als Larven von der

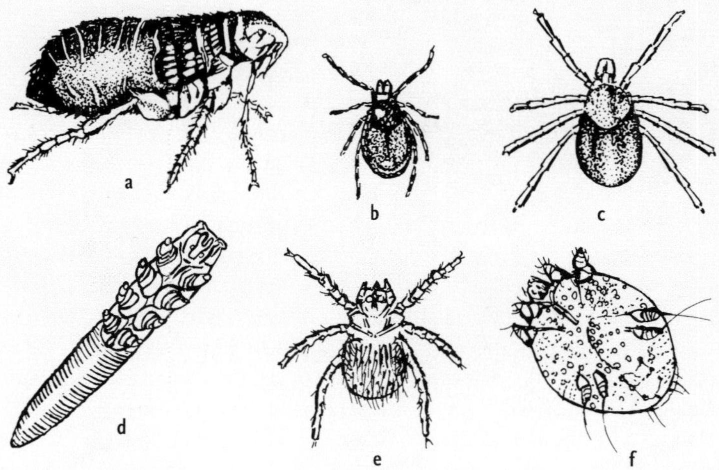

Äußere Parasiten des Hundes
- **a Hundefloh**
- **b Zeckenmännchen**
- **c Zeckenweibchen**
- **d Haarbalgmilbe**
- **e Herbstgrasmilbe**
- **f Grabmilbe**

Hündin auf dem Blutweg übertragen und entwickeln sich im Darm der Welpen zu geschlechtsreifen Würmern.

Auch der schnell wachsende **Bandwurm** vermag seinen Wirt, den Hund, außerordentlich zu quälen.

Bei solch engem Kontakt ist Hygiene für Mensch und Tier wichtig.

Bei einer Wurmkur gehen Knäuel von sechs bis acht Zentimeter langen Würmern ab. Es ist also kein Wunder, daß von Endoparasiten befallene Welpen nicht gedeihen, da dem Hund die besten Nährstoffe entzogen werden. Vorbeugende Wurmkuren führt man alle halbe Jahr durch.

TIP

Zur Bekämpfung von Endoparasiten stehen Mittel zur Verfügung, die gegen alle Wurmarten gleichzeitig wirksam sind. Besser ist es jedoch, aufgrund einer Kotuntersuchung eine exakte Diagnose zu erstellen und im Anschluß daran eine gezielte und differenzierte Behandlung gegen die einzelnen Wurmarten vorzunehmen.

Weitere Erkrankungen

Ein **eitriger Ausfluß** kommt häufig bei Rüden vor. Dieser tritt aus der Vorhaut aus und kann mittels wöchentlicher Spülungen – Wasserstoffsuperoxyd 3%ig in einer Plastikspritze ohne Nadel – schnell beseitigt werden.

Erkältungen äußern sich darin, daß der Hund Geräusche von sich gibt, die wie Husten klingen. Der Hund benimmt sich dabei so, als ob er einen Fremdkörper im Rachen habe. Die Ursache ist meistens eine Mandelentzündung, wobei beide Mandeln fühlbar geschwollen sind. Eine Erhöhung der Körpertemperatur kann, muß aber nicht mit einer Erkältung einhergehen. (Die Normaltemperatur eines Hundes liegt bei 39 °C. Eine leichte Steigerung ist unbedeutend, sollte aber beobachtet werden.) Die Nahrungsaufnahme ist oft derart beeinträchtigt, daß man Vitamine und Spurenelemente zufüttern muß. Bei einer Schwellung der Nasenschleimhäute mit Ausfluß eines schleimigen, gelblichen Sekretes sind Kamillendampfbäder zum Inhalieren angebracht und hilfreich. Bei starker Kurzatmigkeit ist eine tierärztliche Untersuchung notwendig.

TIP

Man sollte dem vorbeugen und den Dackel z.B. nicht aus dem Fenster eines fahrenden Fahrzeugs schauen lassen, denn häufig ist Zugluft die Ursache von Entzündungserscheinungen an Augen und Ohren.

Eine **Lidbindehautentzündung** oder auch eine **verstärkte Ohrenschmalzproduktion** sind Symptome, die Sie unbedingt vom Tierarzt behandeln lassen müssen.

Gelegentlich befinden sich **Fremdkörper im Gehörgang.** Ständiges Schütteln des Kopfes und Kratzen am betroffenen Ohr lassen auf eine solche Situation schließen. Sitzt der Fremdkörper nicht zu tief, so wird er vom Tierarzt mittels einer Fremdkörperzange entfernt. Manchmal ist hierfür eine Narkose erforderlich. Das Otoskop wird nach der Entfernung erkennen lassen, ob Schäden entstanden sind und einer Entzündung vorgebeugt werden muß.

Im Winter sind die **Pfoten** des Dackels besonderen Strapazen ausgesetzt, wenn die Gehwege mit Salz - gestreut werden. Das Salz greift die Pfoten der Hunde an, läßt sie wund werden und ruft mitunter Verätzungen an den Ballen hervor. Zwei Möglichkeiten schaffen Abhilfe: Vor dem Spaziergang die Pfoten des Dackels mit Vaseline oder einer speziellen Schutzsalbe einreiben oder die Hundepfötchen nachher gründlich mit Wasser abwaschen. Natürlich ist es am besten, wenn man beides tut.

Bei Hündinnen tritt gelegentlich eine **Scheinträchtigkeit** auf. Muttermilch läßt das Gesäuge anschwellen, und die Hündin sucht sich während dieser Zeit Gegenstände, die sie anstelle der nicht vorhandenen Welpen »bemuttert«. Behandlung: wenig Futter und weniger Flüssigkeit als sonst üblich, tägliches Waschen des Gesäuges mit einer Lösung aus Wasser und Essig (hemmt die weitere Schwellung des Gesäuges und die Milchproduktion). Hormontabletten oder spezielle Injektionen, vom Tierarzt verabreicht, wirken jedoch schneller und zuverlässiger.

Verdauungsstörungen können verschiedene Ursachen haben und sich in mehr oder weniger starken Durchfällen mit und ohne Erbrechen äußern. Bei der Behandlung ist äußerste Vorsicht geboten, da man meistens die Ursache

Hausapotheke

- ☐ Fieberthermometer
- ☐ Wattestäbchen
- ☐ Plastikspritze
- ☐ Mullbinden und Leukoplast
- ☐ Vaseline zum Schutz der Ballen vor der Streusalzeinwirkung im Winter
- ☐ Desinfektionsspiritus und Wasserstoffsuperoxyd (3%ige Lösung)
- ☐ blutstillende Watte
- ☐ Zeckenzange

der Erkrankung nicht kennt und man bei Vergiftungen anders verfahren muß als bei harmlosen Ursachen, z.B. verdorbenem Futter. Ist keine Veränderung der Körpertemperatur festzustellen, kann man durch einen Fastentag, an dem ausschließlich Tee (z.B. Kamillentee) statt Wasser gereicht wird, sehr schnell eine Besserung erzielen. Reichern Sie den Tee durch eine kleine Prise Salz an, dadurch wird die Flüssigkeit im Körper gebunden und dieser vor dem Austrocknen geschützt. Tritt nach einem Tag keine Besserung ein, sofort den Tierarzt konsultieren!

TIP

Um der Bildung von Zahnstein vorzubeugen, kann man mit Zahnreinigungsmitteln, die im Zoofachhandel erhältlich sind, wöchentlich die Zähne putzen. Auch Kauknochen helfen, das Gebiß sauber zu halten.

Bei anhaltenden Durchfällen sind Infusionen von Elektrolytlösungen und die Gabe von Mineralsalzen angezeigt. Bei leichten Verdauungsstörungen sorgt Haferschleim, mit etwas Rindfleisch gemischt, für Besserung.

Eine große Gefahr für das Gebiß des Hundes stellt **Zahnstein** dar. Etwa zwei Drittel aller Dackelgebisse sind mit Zahnstein behaftet. Gewöhnlich werden zuerst die Fangzähne von der braungelblichen Substanz befallen, die sich aus Speichelsalzen bildet. Je früher der Zahnstein entfernt wird, desto größer ist die Chance, das Gebiß des Hundes bis in das hohe Alter vor Fäulnis und Zahnfleischentzündungen zu schützen.

Checkliste für den Tierarztbesuch

- [ ] Melden Sie sich vor dem Tierarztbesuch an, denn nur dadurch vermeiden Sie lange Wartezeiten.
- [ ] Halten Sie Ihren Hund im Wartezimmer ruhig und lassen Sie ihn nicht mit anderen Hunden herumtoben, da alle Tiere im Wartezimmer unter einer gewissen Anspannung stehen und sich dort anders als sonst verhalten – ganz abgesehen von einer möglichen Ansteckungsgefahr!
- [ ] Nehmen Sie zu jedem Tierarztbesuch den Impfpaß Ihres Hundes mit.
- [ ] Geben Sie dem Tierarzt einen möglichst lückenlosen Bericht, der alle Beobachtungen hinsichtlich eines veränderten Verhaltens des Hundes umfaßt:
  - Seit wann frißt der Hund nicht mehr?
  - Wann hat er sich zuletzt entleert?
  - Hat der Dackel verstärkten Haarausfall? Kratzt er sich? Und wenn ja, an welchen Stellen?
  - Läßt er sich anfassen und hochnehmen, oder verkriecht er sich in dunkle Ecken?

Ihre Antworten auf diese Fragen sind die Grundlage für eine sichere Diagnose. Nehmen Sie nach Möglichkeit eine Kot- bzw. Urinprobe mit zum Tierarzt, wenn auf eine innere Erkrankung zu schließen ist. Bleiben Sie selbst bei einem Tierarztbesuch ruhig, denn nur so wird es Ihnen gelingen, Ihren Hund auf dem Behandlungstisch stillzuhalten.

Um es im Anschluß an das Kapitel über Krankheiten beim Dackel noch einmal deutlich zu machen: In den meisten Krankheitsfällen ist die Konsultation eines Tierarztes unerläßlich!

Wenn der Dackel alt wird

Der Alterungsprozeß setzt bei einem Hund etwa ab dem achten Lebensjahr ein. Spätestens von diesem Zeitpunkt an sollte mit einer gezielten Vorsorge begonnen werden, um dem Dackel ein beschwerdefreies Alter zu ermöglichen. Es ist leider nicht zu ändern, daß unser Dackel einmal alt wird, doch lassen sich die altersbedingten – physischen und psychischen – Veränderungen mildern und verzögern, wenn man folgendes beachtet:

Achten Sie immer – in allen Lebensphasen des Hundes – darauf, daß die-

Ein Rauhhaarteckel im stattlichen Alter von 15 Jahren

ser fit und gesund bleibt, da bereits in den frühen Wachstumsphasen die Basis für ein gesundes Alter gelegt wird. Das ständige Füttern von Vitaminen, Spurenelementen und Aminosäuren unterstützt den Aufbau des Körpers und verhindert Mangelerkrankungen. Im Reifestadium kann man durch eine sinnvolle Fütterung und Zufütterung von Stoffen, die dem Organismus natürliche Reserven geben, die Leistungsfähigkeit erhalten.

Durch regelmäßige Wiederholung der Schutzimpfungen helfen Sie, die gefährlichen Infektionskrankheiten mit ihren oft tödlichen Folgen zu verhindern.

Im Alter verändern sich die Körpergröße und das Gewicht des Dackels. Die Funktionen der Organe lassen nach. Die Folgen dieses Prozesses können u.a. ein Ergrauen des Haarkleides, Gelenkschmerzen, Atemnot, Parodontose, Abmagerung, Muskelschwund, Linsentrübung, ein übler Geruch aus dem Fang und Blutarmut sein. Die Knochen werden spröde, Knorpel und Gefäßwände verkalken, die Zähne fallen aus. Ab und zu kommt es zu einem Malheur, weil der Schließmuskel in seiner Funktion beeinträchtigt ist. Und auch jetzt – wie in ganz jungen Jahren – braucht der Dackel verstärkt Ihre Zuneigung und Zuwendung.

Von großer Bedeutung ist nun eine altersgerechte Fütterung. Da im Alter häufiger Erkrankungen an Leber und Nieren auftreten, sind diätetische Maßnahmen notwendig. Besteht beim Dackel eine Fettsucht, so sollte man versuchen, diese durch Diäten unter Aufsicht des Tierarztes bei gleichzeitig erhöhter Gabe von Spurenelementen, Vitaminen und Aminosäuren in den Griff zu bekommen. Es gibt Experten, die einen Fastentag in der Woche für jeden ausgewachsenen Hund empfehlen. Dagegen gibt es nichts einzuwenden. Viele Hunde legen instinktiv einen Fastentag ein, und es wäre sicher verkehrt, sie durch Darreichung besonders schmackhafter Dinge zum Fressen zu verleiten.

Der alternde Dackel bedarf einer besonders sorgfältigen Pflege, zu der sowohl das regelmäßige Bürsten des Fells, die Pflege der Augen und Ohren, des Afters und der Geschlechtsregionen als auch das Befreien der Zähne von Zahnstein gehören. Das Lager sollte in gewissen Zeitabschnitten gereinigt und desinfiziert werden.

Dackel brauchen bei jedem Wetter Auslauf.

TIP

Alte Hunde haben ein größeres Ruhebedürfnis. Dennoch ist eine dem Alter und der körperlichen Verfassung angemessene regelmäßige Bewegung an der frischen Luft ganz wichtig, auch wenn der Hund sich gelegentlich mit einem gewissen Unwillen dagegen sträubt, Gassi zu gehen.

Auf der anderen Seite gibt es Dackel, die auch im hohen Alter noch Erstaunliches als Jagdhund leisten. Im Naturbau oder auf der Schweißfährte haben sie ihre Nase weit vorne, ihre Jagdpassion mobilisiert alle zur Verfügung stehenden Kräfte. Gerade jetzt ist ein besonderes Lob für den kleinen Kerl angebracht. Doch nach so einem jagdlichen Einsatz sollte wieder eine Periode der Schonung folgen.

Der ältere Dackel muß öfter die Möglichkeit haben, sich auszuruhen. In seinem Körbchen liegend, wird er im Traum verhaltene Bellgeräusche von sich geben, denn er ist eben immer noch ein Jagdhund, und die Spur des Wildes fasziniert ihn im Alter ebensosehr wie in jungen Jahren.

Sicher ist auch Ihnen noch die Regel »Ein Hundejahr sind sieben Menschenjahre« bekannt. Sie mußte neuen wissenschaftlichen Erkenntnissen weichen. In der Tabelle stehen sich Hunde- und Menschenjahre gegenüber.

DER LETZTE LEBENSTAG ▶ Jedes Leben endet einmal. Und nicht immer kann man warten, bis man seinen Hund morgens tot in seinem Körbchen auffindet. Wenn die Last des Alters qualvoll geworden ist und es gar nicht mehr weitergeht, dann sollte man dem geliebten Vierbeiner seine Treue während seines Hundelebens damit danken, daß man den alten Freund auf seinem letzten Weg zum Tierarzt begleitet oder den Tierarzt bittet, ins Haus zu kommen.

Das Einschläfern ist wohl der größte – und zugleich der schwerste – Liebesdienst, den man seinem Hund erweisen kann. Sie brauchen sich dabei nicht zu sorgen: Die Spritze, die den Hund von seinen Qualen erlöst, ist so sanft und schmerzlos, daß er überhaupt nichts davon merkt.

So ein Abschied von einem vierbeinigen Freund ist sehr schmerzhaft. Um das nicht noch einmal erleben zu müssen, entschließen sich viele ehemalige Hundebesitzer dazu, keinen Hund mehr anzuschaffen. Doch man sollte sich auch an die vielen gemeinsamen, schönen und lustigen Stunden erinnern, die einem der Dackel durch seine Drolligkeit und Clownereien beschert hat. Und wenn Sie sich aufgrund dessen doch wieder zur Anschaffung eines Hundes entschließen, dann gibt es bei der Wahl des Hundes wohl keine Frage: Ein Dackel soll es sein!

Hunde- und Menschenalter im Vergleich

Hundejahre	*Menschenjahre*
3 Monate	3 Jahre
6 Monate	10 Jahre
1 Jahr	20 Jahre
2 Jahre	24 Jahre
3 Jahre	28 Jahre
4 Jahre	32 Jahre
5 Jahre	36 Jahre
jedes weitere Jahr	4 Jahre

Erziehung leichtgemacht

Erziehung leichtgemacht

Wer möchte ihn nicht haben, den gut erzogenen, folgsamen Dackel!? Viele Leute behaupten, der Dackel sei ein eigenwilliger und dickköpfiger Hund und aus diesem Grund nur sehr schwer zu erziehen.

Doch das stimmt so nicht. Man kann davon ausgehen, daß ein unfolgsamer Dackel sehr wahrscheinlich eine schlechte Erziehung genossen hat. Folgsamkeit ist das Produkt einer guten Erziehung – und für diese ist einzig und allein der Hundebesitzer verantwortlich.

Wann beginnt die Erziehung bei einem Hund? Eigentlich bereits zu dem Zeitpunkt, an dem sich der Welpe noch bei seiner Mutter und seinen Geschwistern befindet. Das Lernen erfolgt im Spiel und im Umgang mit der Hundefamilie. Der Welpe lernt dabei, sich unterzuordnen, aber auch, sich gegenüber seinen Geschwistern zu behaupten. Im spielerischen Kampf verspürt er den ersten Schmerz, den er mit einem Aufschrei und einem anschließenden Kampfgebaren seinerseits quittieren wird.

Erst wenn die Welpen zugefüttert werden und die Hündin sich nicht mehr an der Sauberhaltung der Welpen beteiligt, beginnt die Erziehung durch den Züchter. Jedesmal nach dem Fressen werden die Kleinen – möglicherweise in einem Behältnis – nach draußen gebracht, d.h. auf Rasen oder Erde gesetzt. Sehr rasch verbinden die Welpen die neue erdbraune oder grasgrüne Umgebung mit dem Gefühl, daß von ihnen nun – hier und jetzt – etwas verlangt wird, zum Beispiel ein Bächlein oder ein Häufchen.

▸ Stubenreinheit

Dieses Vorgehen ist die notwendige Grundlage zur späteren Stubenreinheit. Beim neuen Besitzer sollte diese Erziehung konsequent fortgesetzt werden. Nach jeder Fütterung – und natürlich auch zwischendurch mehrere Male – sollte man den Welpen auf Rasen setzen. Anfangs leisten hierbei ein Korb oder eine Tasche gute Dienste, um den lebhaften Welpen nach draußen zu transportieren.

Kommt es doch einmal vor, daß der Welpe in die Wohnung macht, sollte man nicht mit lautem Schimpfen oder wütenden Drohgebärden auf den kleinen Kerl losgehen. Sicherlich sollte der kleine Hund spüren, daß wir mit seinem Verhalten nicht einverstanden sind; ein leichter Klaps oder eine etwas lautstärkere Drohung sind jedoch völlig ausreichend. Sie dürfen allerdings nur zum Einsatz kommen, wenn man den Dackel unmittelbar bei seinem Tun ertappt. Spätere Tadel kann er nicht mehr mit seinem Mißgeschick in Verbindung bringen.

Auf keinen Fall sollten Sie die so oft als wirksam beschriebene Methode anwenden, die empfiehlt, den Welpen mit der Schnauze in seine Exkremente zu drücken, um dadurch strafend auf sein Verfehlen hinzuweisen. Solch abwegiges Verhalten traut man einem Hundefreund kaum zu, jedoch soll so etwas schon vorgekommen sein.

Sicher, die Erziehung des Dackels zur Stubenreinheit verlangt konsequente Beobachtung des Hundes und ist mit nervlichen Anstrengungen verbunden. Doch lieber am Anfang etwas mehr Zeit opfern, als hinterher einen erwachsenen Hund zu haben, der sich ständig in der Wohnung löst. Stubenreinheit kann man also nur durch Gewöhnung erzielen. Ermahnungen oder Befehle sind völlig fehl am Platz. Wer von Anfang an konsequent ist und seinen Hund gut beobachtet, wird bald positive Resultate erzielen. Ganz wichtig ist zur Erreichung dieses Erfolgs das Lob des Hundes durch sein Herrchen oder Frauchen, wenn er sich an der richtigen Stelle gelöst hat.

»Und was wird aus mir? Werde ich ein Jagdhund?«

▸ Der richtige Zeitpunkt

Der Dackel lernt in jungen Jahren viel einfacher und problemloser als im Erwachsenenalter. Darum also nochmals der Hinweis und die Empfehlung an jeden Hundebesitzer, rechtzeitig die Chance zu nutzen und noch im Spielalter mit der Erziehung des Hundes zu beginnen.

Zunächst sollte man sich überlegen, was man von seinem Hund erwartet. Soll er als Haushund gehalten werden, oder erwartet man von ihm später einmal jagdliche Betätigung und Leistung?

Häufig halten viele Dackelbesitzer ihren Hund erst einmal als »Nur-Haushund«. Erst später, wenn die jagdliche Passion ihres Vierbeiners offensichtlich wird, beschließt man dann, an Übungskursen des örtlichen Dackelklubs teilzunehmen. In dieser Gemeinschaft kann man seinem Dackel dann Sachen beibringen, die man bis dahin gar nicht für möglich gehalten hätte. Sicherlich ist eine vorherige gründliche Allgemeinerziehung die Grundlage für die Teilnahme an solchen Übungskursen. Verbauen Sie sich also nicht durch eine nachlässige Erziehung die Möglichkeit, Ihren Dackel später einmal jagdlich einzusetzen.

So lernt der Dackel das Kommando »Sitz«: Immer bei Fuß und angeleint, eine Gerte weist ihm den Spielraum.

»Sitz« auf Anordnung – so wird es gemacht: Brust halten und Hinterteil herunterdrücken.

Hier steht er ordentlich »bei Fuß« an lockerer Leine auf der linken Seite seines Menschen.

Leinenführigkeit

Weiterhin gehören zu einer soliden Erziehung »Gehorsam« und »Leinenführigkeit«. Die Leinenführigkeit stellt einen Teil der Gehorsamsübungen dar. Ganz gleich, ob Sie ein Stadtmensch sind oder in der Natur leben, Ihr Dackel sollte unbedingt leinenführig sein. Er muß lernen, an der linken Seite seines Menschen zu gehen, und zwar so, daß er mit seiner Nase immer in Höhe der linken Ferse seines Herrchens oder Frauchens ist. Verhindern Sie, daß er vorprescht und dabei in Führung geht.

Natürlich müssen solche Übungen mehrmals durchgeführt werden, doch bald gibt es keine Schwierigkeiten mehr, und sowohl der Dackel als auch Herrchen haben einen guten Schritt vorwärts in der Erziehung getan. Natürlich kann man diese Übung auch an Laternenpfählen durchführen, und später sollte sie durchaus in der Stadt, unter Menschen, wiederholt werden.

Auch zu zweit klappt es mit dem Laufen an der Leine.

Gehen »bei Fuß« an lockerer, aber kurzer Leine lernt der Dackel schnell.

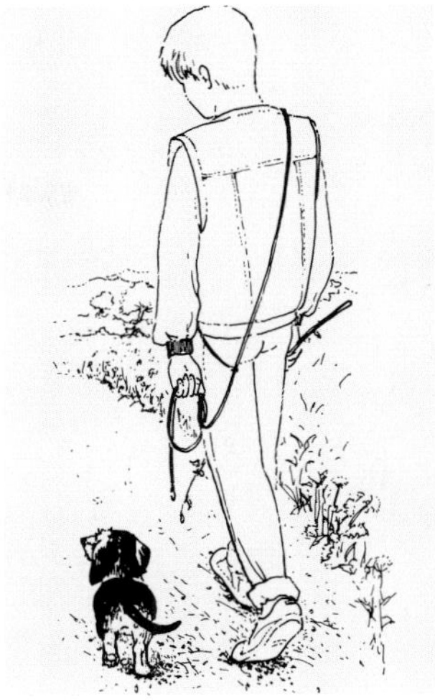

Wenn diese Lektionen gelernt sind, läuft der führige Dackel ohne Leine »bei Fuß«.

Der erhobene Zeigefinger bekräftigt den Befehl »Sitz«. Beim Üben bleibt der Dackel angeleint.

Schnell begreift der Dackel, daß die Leine in seinem Leben eine wichtige Rolle spielt. Er wird sich nicht lange dagegen sträuben, wenn man versucht, ihm sein Halsband und die Leine umzulegen. Er weiß bald, daß es sich hierbei um den Auftakt zu einem seiner geliebten Spaziergänge handelt, und wenn dieser Weg dann auch noch in den Wald führt, dann ist der Dackel so richtig rundum glücklich.

Am besten läßt sich die Leinenführigkeit im Wald mit eng nebeneinander stehenden Baumstämmen üben. Gehen Sie dabei rechts an den Stämmen vorbei, und zwar so dicht, daß zwischen Ihnen als Führer und Ihrem Hund nur ganz wenig Platz bleibt. Anfänglich wird der Dackel versuchen, links vom Baum weiterzulaufen, woran ihn jedoch die Leine und die Baumstämme hindern werden. Mit viel Geduld wird er immer wieder auf den richtigen Weg gebracht, denn er muß eben lernen, mit seinem Herrn rechts an den Baumstämmen vorbeizugehen.

▶ Platz

Hier im Wald hat man dann auch die richtige Umgebung für die nächste Gehorsamsübung: Legen Sie einen mitgenommenen Rucksack oder ein Kleidungsstück von Ihnen (z.B. alte Jacke, Pullover etc.) auf den Waldboden, und lassen Sie Ihren Dackel darauf Platz nehmen.

Hierbei erfolgt das Kommando »Platz«. Schnelleren und besseren Erfolg erzielt man, wenn in den Rucksack oder das Kleidungsstück ein Spielzeug des Hundes oder ein Kaninchenfell bzw. ein Hasenlauf gelegt wird. Die Witterung der Gegenstände fördert über einen nicht zu verkennenden Bewachungstrieb das Ausharren auf dem Platz. Nur ein Dackel, der sich über mindestens eine Stunde ablegen

»Platz« (das sogenannte Ablegen des Hundes) erfolgt aus dem Sitzen. Die Vorderläufe werden dazu behutsam, aber bestimmt nach vorne gezogen...

... und man legt die Hand auf den Kopf und den Hals. Die rechte Hand wird erhoben und das Kommando »Platz« wiederholt.

Zuerst entfernt man sich bei der Platz-Übung nur ein kurzes Stück.

läßt, ist im Sinne einer reibungslosen Jagdausübung brauchbar.

Vorsichtshalber sollten Sie anfangs den Hund an einem Baum festbinden, was jedoch nach einiger Übung entfallen kann. Entfernen Sie sich daraufhin aus dem Gesichtsfeld des Hundes. Wenn Sie mit einigen wenigen Minuten anfangen und an den folgenden Tagen die Intervalle immer weiter ausdehnen, dann dauert es gar nicht lange, bis der Dackel, der ja gelernt hat, daß Herrchen immer wieder zu ihm zurückkehrt, gehorsam seinen Platz – auch unangeleint – auf dem ihm vertrauten Gegenstand beibehält. Belohnen Sie den Gehorsam Ihres Hundes immer mit lobenden Worten und einem Leckerbissen.

▸ Schußfestigkeit

Für die jagdliche Ausbildung ist es wichtig, bei diesen Übungen die erforderliche Schußfestigkeit mit in das Ausbildungsprogramm einzubeziehen: Mehrmals wird in einiger Entfernung von einem Jäger geschossen. Zunächst steht man noch bei seinem »Auszubildenden« und beruhigt ihn notfalls.

Später entfernt man sich und läßt die Reaktionen auf den Schuß durch den Jäger beobachten. Bekräftigendes Lob gehört natürlich nach einer erfolgreichen Übung dazu!

▶ Apportieren

Das Apportieren kann man einem Hund schon recht früh beibringen. Es gibt eine Reihe von Spielzeugen, die Ihrem Dackel lieb geworden sind, denken Sie nur an den Tennisball oder den Gummiigel, die, wenn sie fortgeworfen werden, den Hund zum Hinterherlaufen und Zurückbringen reizen. Damit wird im Spiel die Apportierfreudigkeit gefördert. Natürlich will der Dackel den Gegenstand nicht sofort wieder hergeben, aber nach einigem Zerren läßt er unter dem Kommando »Aus« den Gegenstand fallen und erwartet eine Fortsetzung des Spiels »Werfen – Holen«.

Die Kommandos »Apport« beim Holen und »Aus« beim Abgeben sollten bei jeder Wiederholung des Spiels konsequent beibehalten werden.

▶ Hier

Folgsame Rückkehr zum Herrchen auf Kommando bringt man dem Dackel am besten im Freien an einer langen Leine bei. Man läßt den Hund seine Nase gebrauchen, so daß er sich vom Herrn einige Meter entfernt. Mit dem Kommando »Hierher« – durch ein langgezogenes »Hiiiier« unterstützt –, durch einen leichten Ruck an der Leine und ein langsames Einholen derselben fordert man den Hund auf, an die Seite des Herrn zurückzukehren. Diese Übung kann auch mit gleichzeitigem Gebrauch einer Hundepfeife vorge-

Herrchen erhebt sich, die rechte Hand bleibt, mit der Handfläche zum angeleinten Dackel gerichtet, erhoben; das Kommando »Platz« wird wiederholt.

Bei der Wiederholung der Übung wird eine mindestens 10 Meter lange Leine verwendet. Herrchen entfernt sich rückwärtsgehend und mahnt immer wieder »Platz«.

Die Aufmerksamkeit des Dackels ist die Voraussetzung für jede Erziehungsübung.

nommen werden. Diese Folgsamsübung nimmt viel Zeit in Anspruch, bis sich der gewünschte Erfolg einstellt. Doch dafür ist das Erfolgserlebnis um so größer, wenn der Dackel ohne Leinenzwang an die Seite seines Herrn – nur auf dessen Kommando hin – zurückkehrt.

TIP

Ganz nebenbei lernt schon der Welpe das Kommando »Hier«, wenn man das Wort immer gebraucht, wenn der Kleine zu einem gelaufen kommt. In diesem Alter hat der junge Hund ohnehin den Trieb, bei seinen Menschen zu bleiben. Unterstützen kann man dies, indem man in die Hocke geht, mit einem Spielzeug oder Leckerbissen lockt oder sich rückwärtsgehend entfernt.

Keinesfalls sollte man hinterherlaufen, wenn der Hund auf »Hier« nicht kommt. Das würde er nur als Spiel auffassen.

Betteln

Auch in der Wohnung sollte jede Möglichkeit zur Erziehung genutzt werden. Das Betteln des Hundes am Tisch kann nur dann unterbunden werden, wenn beim Essen keine Häppchen, auch nicht »versehentlich«, unter den Tisch fallen. Hier ist größte Konsequenz angebracht. Wer einmal dem Dackel eine Käserinde oder ein Wurststück zusteckt, der ermutigt ihn zu weiteren Versuchen, durch Betteln an die lukullischen Genüsse heranzukommen. Besser ist es, den kleinen Hausgenossen zu den Essenszeiten der Familie mit dem Kommando »Geh ins Körbchen« oder »Geh auf deinen Platz« auf seinen Platz zu verweisen.

Erziehungs- und Ausbildungsregeln

- Eine konsequent durchgeführte Erziehung erleichtert das Zusammenleben von Mensch und Hund.

- Je früher man mit der Erziehung beginnt, desto besser für den Hund. Der junge Hund lernt z.B. im Spiel Dinge, deren Erlernen ihm im Erwachsenenalter wesentlich schwerer fallen würde.

- Nutzen Sie den jugendlichen Spieltrieb des Hundes zur Vermittlung Ihrer Erziehungsziele.

- Begegnen Sie Ihrem Dackel mit einer gewissen Autorität und Konsequenz, die ihm zu verstehen gibt, daß Sie der Rudelführer sind und aus diesem Grund bestimmen, was getan werden soll.

- Der Ausbildung eines Dackels geht eine gute Erziehung voraus.

- Geduld sollte jede Ausbildung bestimmen. Gehen Sie in der Erziehung und Ausbildung Ihres Dackels schrittweise vor, und wiederholen Sie Lern- und Übungsphasen so oft wie möglich und nötig.

- Mit Lob und anerkennenden Worte motivieren Sie Ihren Hund zum Weitermachen und zur Verinnerlichung der durchgeführten Übung.

- Bedenken Sie, daß dem Dackel die Einsicht für Sinn und Zweck der zu erlernenden Übungen fehlt. Der Hund handelt instinktiv, wobei Lob und regelmäßiges Wiederholen einzelner Übungen zu einer Festigung derselben führen, so daß der Hund gehorsam die Dinge tut, die Sie von ihm verlangen.

- Die gegebenen Kommandos müssen klar und deutlich sein. Das einmal für eine bestimmte Übung gewählte Kommando muß konsequent beibehalten werden.

- Strafen sind für den Hund unzumutbar. Ein drohend erhobener Zeigefinger und eine mit erhobener Stimme ausgesprochene Verwarnung erübrigen jede gewalttätige Strafaktion.

- Lassen Sie Ihren Dackel jagdliche Übungen absolvieren und seine Jagdpassion entfalten, z.B. in den Vorbereitungslehrgängen zu jagdlichen Prüfungen, die von den DTK-Gruppen angeboten werden.

Tips für den Alltag

Man sollte dem Dackel auch beibringen, tagsüber seinen Schlafplatz aufzusuchen, damit man ungehindert arbeiten, z.B. die Wohnung fegen kann, ohne daß der Dackel seinem Spieltrieb nachgeht und die Arbeit durch Angriffe auf Besen und Staubsauger aufhält.

Abends, z.B. vor dem Fernseher, sollten die Plätze eindeutig und unmißverständlich verteilt sein. Ein Dackel hat nun mal kein Anrecht auf den bequemen Fernsehsessel von Herrchen oder Frauchen. Es ist ausreichend, wenn sein Körbchen zwischen die beiden von seinen Rudelführern belegten Plätze gestellt wird. Auch so ist der Dackel mitten im Geschehen, ohne es zu stören. Natürlich fällt eine konsequente Durchführung bei dem Blick in die treuen Dackelaugen recht schwer – doch bleiben Sie hart.

Ihr Dackel wird ein konsequentes Zurückweisen in seine Schranken letztendlich dankbar akzeptieren. Es gibt noch genügend Möglichkeiten, dem Dackel seine Freiheit zu gewähren, so daß er seinem Spieltrieb mit dem rasseeigenen Selbstbewußtsein nachgehen kann. Doch eines sollte der Dackel bis dahin gelernt haben: Befehle gibt immer nur einer – der Mensch! Nur dadurch kann eine Übereinstimmung zwischen Hund und Mensch entstehen, die in und während der Ausbildung ihre Früchte trägt.

Bei einer konsequenten Erziehung wird Ihr Hund bald zu den Dackeln gehören, denen man Dickköpfigkeit oder einen »typischen Ungehorsam« *nicht* nachsagen kann.

Checkliste fürs Autofahren

- [ ] Lassen Sie den Dackel nur auf Ihr Kommando hin aus dem Wagen steigen.
- [ ] Wenn der Dackel im Auto warten muß, parken Sie im Schatten und öffnen ein Fenster einen Spalt weit.
- [ ] Zugluft ist auch für Hunde gefährlich! Lassen Sie den Dackel nicht aus dem geöffneten Fenster schauen.
- [ ] Bei längeren Fahrten Wasserflasche und Napf mitnehmen und regelmäßig Pausen zum Trinken und Gassigehen machen (immer an der Leine!).

Autofahren

An das Mitfahren im Auto gewöhnen sich viele Dackel ohne große Probleme. Ideal wäre es, wenn bereits der Züchter die Welpen mitsamt der Hündin gelegentlich ins Auto setzt und ein kurzes Stück mit Ihnen fährt.

Wichtig ist die langsame, schrittweise Gewöhnung an das ungewohnte Gefährt und die Verknüpfung mit positiven Erlebnissen – die Fahrt zum Spaziergang, Lob und Leckerbissen usw.

Im Auto wird der Dackel am besten in einer speziellen Transportbox untergebracht, damit er den Fahrer nicht behindern kann, und bei einem abrupten Bremsmanöver oder Unfall auch selbst geschützt ist.

Wesensfestigkeit

Viele Jahre wurden die Raubwildschärfe und der Wachtrieb eines Hundes als Indiz für seine Wesensfestigkeit angesehen. Sicher wird man auch heute noch aufgrund der Verteidigungsbereitschaft des Dackels, seines Mutes und seiner Tapferkeit eine Festigkeit des Wesens vermuten. Doch nicht alle Dackel werden in der heutigen Zeit jagdlich geführt; der überwiegende Teil wird als Haus- und Familienhund gehalten. Doch auch diese Dackel müssen wesensfest sein. Sie sollten den Streßbedingungen des Alltags (z.B. Autoverkehr, Lärm etc.) angstfrei gegenüberstehen, sich ohne Schreckhaftigkeit in das Familienleben mit mehreren Personen integrieren lassen und ebenso die Fähigkeit besitzen, sich allein lebenden Einzelpersonen komplikationslos unterzuordnen.

»Wesensfestigkeit« ist der Zustand seelisch-körperlicher Ausgeglichenheit, der sich auch bei außergewöhnlichen Umwelteinflüssen bewährt – so lautet die Definition, wie sie Jagdkynologen formuliert haben.

»Wesensschwäche« ist ein Zustand angeborener oder erworbener nervöser Reizbarkeit oder Überempfindlichkeit, der die Reizschwelle des Hundes (die Ansprechbarkeit des Hundes auf die ihn umgebenden und auf ihn einwirkenden Umweltreize) herabsetzt und ihn in seinem natürlichen Verhalten hemmt.

Das Wesen

Verhaltensweisen können bei Hunden angeboren oder erworben sein. Nach Professor Seiferle ist das Wesen die Gesamtheit aller angeborenen und erworbenen körperlichen und seelischen Anlagen, Eigenschaften und Fähigkeiten, die das Verhalten des Hundes zur Umwelt bestimmen, gestalten und regeln. Ist dieses Wesen intakt, so ist der Hund wesensfest, ist es gestört, so ist er wesensschwach.

Sicher stellt sich jetzt dem Leser die Frage, ob diese allgemein – für jeden Hund – gefaßten Formulierungen auch für den Dackel gelten.

Die Dackel bilden in der Grundtendenz keine Ausnahme, und doch muß man bei ihnen andere Maßstäbe ansetzen, da von ihnen in bestimmten Situationen Reaktionen erwartet werden, die bei anderen Hunden widernatürlich wären.

Ein Vorstehhund zum Beispiel hat, wenn er »vorsteht«, eine artgebundene Hemmung, weiter auf das von ihm mit seiner Nase ausgemachte Niederwild zuzugehen. Der Dackel dagegen nimmt die Spur sofort auf und verfolgt sie lautstark.

Ein anderes Beispiel: Vorstehhunde werden kaum ein Interesse zeigen, in einen Bau, ganz gleich ob Fuchs- oder Dachsbau, einzufahren. Der Dackel würde aufgrund seiner körperlichen Prädestination sofort jede dieser Gelegenheiten nutzen.

Die Reserviertheit, mit der mein Dackel das manchmal tut, ist entweder angeboren oder im Laufe der Zeit durch Lehren aus für ihn mißlichen Situationen entstanden, die ihn zum erfahrenen und zurückhaltenden Skeptiker gemacht haben.

Äußerliche Vorzüge und Nachteile z.B. des Körperbaus und des Bewegungsablaufes sind selbstverständlich leichter zu beurteilen als die seelischen Schwächen und Stärken eines Hundes. Zu den Wesensschwächen zählt man die im folgenden beschriebenen Punkte.

GEWITTERANGST ▶ Sie zählt zu den Wesensmängeln, die auf Geräuschempfindlichkeit beruhen. Sie ist in Hundehalterkreisen die am häufigsten beobachtete Angst. Aber nicht nur Hunde obliegen durch Witterungseinflüsse hervorgerufenen Angstsituationen. Auch das Wild zeigt Unruhe vor einem aufziehenden Gewitter. Es ist zu wenig erforscht, ob hier genetische Anlagen eine Rolle spielen oder die Unruhe atmosphärischen Einflüssen zuzuschreiben ist. Es gibt Hunde – und so auch Dackel –, die absolut schußfest sind, eine ausgesprochen gute Raubzeugschärfe zeigen und auch sonst über feste Nerven verfügen, die aber ihre Angst vor einem Gewitter nicht verbergen können. Manchmal genügt schon das Herannahen eines Gewitters, um Reaktionen wie das Verkriechen in dunkle Ecken oder unter Schränke auszulösen.

MILIEUSCHEUE ▶ Hunde, die unter Milieuscheue leiden, reagieren mißtrauisch, empfindlich und ängstlich auf alle ihnen unbekannten Geräusche, Gegenstände und Örtlichkeiten. Diese Hunde haben Schwierigkeiten, ihre Umwelt richtig einzuschätzen, und leiden unter Platzangst.

Solche leicht erregbaren Hunde sind für die Zucht nicht geeignet, da sie diese tiefsitzende Angst gegenüber Personen, Tieren und alltäglichen Dingen weitervererben können. Bei einem Spaziergang mit solchen Hunden kann eine plötzlich aufflatternde Plastiktüte oder ein hupendes Auto zu einer Gefahrenquelle für alle Beteiligten werden.

AUTOANGST ▶ Ob die Autoangst nun zu den Wesensschwächen gehört, hat bis heute noch niemand eindeutig beantworten können. Es widerspricht dem die Tatsache, daß es Hunde gibt, die am Anfang der Autofahrt recht unruhig sind, sich aber im Laufe der Fahrt immer mehr beruhigen. Man hat auch schon erlebt, daß anfänglich sehr unruhige Hunde nach einigen Tagen oder Wochen der Gewöhnung geradezu versessen auf das Autofahren waren.

ANGSTBEISSEN ▶ Angstbeißer sind Hunde, die ohne sinnvollen Anlaß und ohne Vorwarnung um sich beißen, wenn man ihnen zu nahe tritt. Ausstellungsrichter kommen gelegentlich mit solchen Angstbeißern in Berührung. Beim Untersuchen der Rute oder des Gebisses gebärden sich solche Hunde wie wild, sie nässen und setzen Kot ab.

Solche Hunde gehören nicht in die Zucht, auch wenn sie noch so schön und vom Körperbau her makellos sind. Züchter, die das nicht erkennen und wahrhaben wollen, handeln mit der Vermehrung solcher Hunde gewissenlos. Leider ist das Bewußtsein mancher Züchter noch nicht so weit gediehen, so daß einige Rassen aufgrund von Inzucht und falscher Selektion sehr stark von dieser Angstneurose betroffen sind. Durch das Züchten mit solch kranken Hunden werden nicht nur die Dackelkäufer betrogen, sondern es wird auch den Hunden großer Schaden zugefügt. Der Züchter macht sich demnach auch gegenüber der lebenslang kranken Kreatur im Sinne der Tierquälerei schuldig.

SCHUSSSCHEUE ▶ Eine ausgesprochene Wesensschwäche ist die Schußscheue. Sie führt zur Jagduntauglichkeit, auch wenn der Hund andere jagdliche Eigenschaften, z.B. eine gute Nase bei der Schweißsuche, besitzt. Schußscheue Dackel sollten auf keinen Fall zur Zucht herangezogen werden. Überall im Alltagsleben gibt es Situationen, in denen der Hund lauten, knallartigen Geräuschen ausgesetzt ist. Silvester und Karneval sind nur zwei Beispiele dafür. Ein schußfester Hund bleibt von solchen Knallereien unbeeindruckt, es sei denn, daß so ein Knallkörper ihm einmal eine Verletzung oder Brandwunden zugefügt hat. Dann wird der Hund bei jedem lauteren Geräusch eine Empfindlichkeit zeigen, die sich aber im Laufe der Zeit verlieren kann.

Zuweilen wird von Jägern behauptet, der Dackel neige zu einem hohen Prozentsatz zur Schußscheue. Doch das trifft nicht zu. Die Quote schußscheuer Dackel ist nicht höher als bei anderen Hunderassen. Bei Schußfestigkeitsprüfungen ermittelte schußscheue Dachshunde sollten von Züchtern gemieden werden; die Weitervererbung dieser Anlage findet vor allem bei Inzucht statt.

Wenn auch für Dachshunde bislang keine weiteren speziellen Wesensprüfungen vorgeschrieben sind, so sei doch darauf hingewiesen, daß man Wesensprüfungen schon beim Welpen vornehmen kann. Ein Amerikaner namens William Campbell hat in einer Zeitschrift (Canicultura 9/87) eine Studie über das Verhalten von Welpen im Alter von sieben Wochen bei verschiedenen Tests in den Parametern Sozialtrieb, Nachfolgen, Gehorsam, soziale Dominanz und Selbstbewußtsein veröffentlicht. Viele Züchter von Dachshunden haben ihre eigenen Erfahrungen gemacht, wobei auch der Geruchssinn eine Rolle spielt, wie z.B. beim Ziehen einer Kaninchenbalg- oder Rehlaufschleppe.

Für heute ist genug gelernt. Auf geht's zum Spaziergang.

Natürlich gibt es auch bei Dackeln eine Reihe von Eigenschaften und Wesensmängeln, die sich erst im Alter manifestieren (Angst, Scheue, Aggressivität usw.) und beim Welpen noch nicht zu beobachten sind.

Mit Sicherheit ist ein Teckel oder Dackel, der anläßlich einer Zuchtschau oder Ausstellung zur Begutachtung durch den Richter auf den Tisch gestellt wird, nur dann wesensfest, wenn er dort ruhig steht und nicht um sich beißt, wenn Gebiß und Rute kontrolliert werden. Hunde, die urinieren oder Kot absetzen und vor Angst schlottern, daß der Tisch wackelt, werden vom Richter wegen ihrer Wesensschwäche nicht beurteilt oder zurückgewiesen.

Freizeitpartner Dackel

Freizeitpartner Dackel

Sinnesleistungen

Läßt man sich als Dackelbesitzer auf die Hundeperspektive herab, so wird man seinen Freund Krummbein viel besser verstehen.

Der Mensch, im Durchschnitt ca. 1,70 Meter groß, erfaßt sein Umfeld in erster Linie mit den Augen. Der Dackel hat mit seiner Körperhöhe von ca. 25 Zentimetern nicht diesen Überblick. Hinzu kommt, daß die Augen des Hundes zwar durch die seitliche Stellung einen fast um die Hälfte größeren Gesichtswinkel als beim Menschen bieten, dafür aber das Sehen auf weite Entfernungen wesentlich schlechter ist. Die Sichtweite eines Hundes beträgt laut Untersuchungen zwischen 100 und 150 Metern. Auch das räumliche Sehen des Hundes ist wegen der Augenstellung längst nicht so ausgeprägt wie bei uns Menschen.

Die Überlegenheit des Hundes bezüglich des Riechvermögens und des Gehörs wird deutlich, wenn man folgendes betrachtet: Während der Mensch nur etwa 5 cm^2 Riechfläche in seiner Nase beherbergt, beträgt diese beim Dachshund 75 cm^2. Das bedeutet, daß beim Dackel etwa 120 Millionen Riechzellen (beim Schäferhund sind es sogar über 200 Millionen) vorhanden sind. Der Mensch hat dagegen nur acht Millionen dieser Riechzellen.

Z.B. die Fährtensicherheit bei der Nachsuche des krankgeschossenen Wildes erfordert eine »gute Nase«.

Dabei gibt es Dackel, die eine hervorragende Arbeit bei der Nachsuche von Reh- und Rotwild zeigen, aber eine Blutfährte des Schwarzwildes nicht aufnehmen, weil sie eine starke Aversion gegen den Geruch des Wildschweinblutes haben.

Wie gesagt, auch das Gehör des Hundes ist dem des Menschen weit überlegen. Der Mensch kann noch Töne von 30.000 Hertz wahrnehmen, der Hund liegt mit seiner akustischen Wahrnehmung über der Grenze des für uns hörbaren Schallbereichs bei ca. 40.000 Hertz. Das Gehör des Hundes ist also so gut entwickelt, daß man bei der Hundedressur Signalpfeifen verwenden kann, die für das menschliche Ohr nicht mehr wahrnehmbar sind, sogenannte »lautlose Hundepfeifen«.

Auch die Tatsache, daß die Vierbeiner aus zahlreichen Geräuschen den Schritt ihres heimkehrenden Men-

Gute Nase

Wenn in den verschiedenen jagdlichen Gebrauchsprüfungen von einer »guten Nase« die Rede ist, so meint man damit die Fähigkeit des Hundes, sein Riechvermögen beim Aufstöbern des Wildes oder bei der Verfolgung einer Hasenspur unter Beweis zu stellen.

schen sofort heraushören, ist ein weiterer Beweis für sehr gutes Hörvermögen des Hundes.

Der Geschmackssinn ist bei allen Hunden nicht besonders gut ausgeprägt, er wird durch das hervorragende Geruchsvermögen ersetzt.

Der Tastsinn des Dackels ist sehr gut. Vor allem am Nasenspiegel, an den Lippen, an der Zunge und an den Ballen der Pfoten ist eine besondere Empfindlichkeit festzustellen. Die Tasthaare des Körpers haben an ihrer Basis Sensoren, die auf Berührung oder Druck reagieren.

Es sind unter anderem diese so hochsensiblen Sinnesorgane, die den Dackel zum unentbehrlichen Jagdgefährten des Menschen machen.

▸ Jagdlicher Einsatz

Der Dackelkenner und Autor des Buches »Dachshund«, Dr. Fritz Engelmann aus Gera, schrieb 1925: »Dachshundzucht ist Gebrauchshundzucht, muß immer Gebrauchshundzucht bleiben, sonst ist sie keine Dachshundzucht mehr« (S. 136).

Natürlich muß man bedenken, daß diese Worte in einer Zeit geprägt wurden, in der die Jagd über und unter der Erde auf ihrem Höhepunkt stand. Der Dackel näherte sich immer mehr dem von ihm entworfenen Idealbild. Damit war die zweckmäßige, für die Jagd wichtige und leistungsbezogene Form der Dachshunde geschaffen worden.

Nun entstanden auch die zahlreichen Richtlinien für Ausbildung und Prüfung des Dackels für seine jagdlichen Aufgaben, denn die Eignung des Dackels ist vielseitig. Er arbeitet unter der Erde im Fuchs-, Dachs- und Kaninchenbau. Mit großer Passion und tapferem Einsatz stellt er seine Widersacher, treibt sie aus dem Bau oder liegt laut bellend davor, um dem Jäger anzuzeigen, wo das Wild sich befindet. Ein »Einschlag«, so nennt man das Graben an der vom Dackel durch sein »Lautgeben« bezeichneten Stelle, führt nun zur Ergreifung des gestellten Wildes durch den Jäger. Herr und Hund sind aufeinander angewiesen, sind ein eingespieltes Team. Ein Jagderfolg setzt eine gute Zusammenarbeit voraus.

Viele Dackel helfen auch heute noch bei der Jagd.

AUSBILDUNG FÜR DIE JAGD ▸

Aber bevor der Dackel diverse, nicht immer leichte Aufgaben übernehmen kann, muß eine gewissenhafte, zielgerichtete Vorbereitung erfolgen. Um seinen Aufgaben als Helfer des Jägers nachkommen zu können, muß der Jagdhund also erst einmal geschult und ausgebildet werden, bevor seine Hilfe zweckmäßig und verläßlich ist.

In unserer Zeit ist das tierschützerische Empfinden besonders stark ausgeprägt. Darauf sollten alle Jäger und Dackelhalter achten. Übungen und Eignungsprüfungen mit dem Hund am lebenden Raubwild müssen unter allen Sicherheitsvorkehrungen abgehalten werden, damit niemand einen Schaden aufgrund einer unqualifiziert durchgeführten Ausbildung erleidet. Die Organisatoren und Übungsleiter solcher Jagdprüfungen haben sich die Belange der Tierschützer zu eigen gemacht. Die in den Zwingern gehaltenen Füchse – Dachse werden nicht mehr gehalten oder bejagt – liegen ihnen genauso wie die Dackel, um deren Ausbildung es geht, am Herzen.

EINSATZMÖGLICHKEITEN ▶ Auch über der Erde ist der Dackel sehr vielseitig. Er stöbert das Wild aus der Dikkung, in die er aufgrund seiner geringen Körperhöhe spielend eindringen kann. Er jagt dabei laut, so daß der Schütze immer weiß, wo der Hund sich befindet und ob er Wild vor sich hat. Auch hierbei bewährt sich ein eingespieltes Team von Herr und Hund. Am Laut vermag der Jäger zu erkennen, welche Art von Wild sein Hund aufgespürt hat.

Eine weitere Möglichkeit, den Dakkel jagdlich einzusetzen, ist die Nachsuche waidwunden Wildes. Wegen seiner Fähigkeiten auf dem Gebiet der Schweißsuche wird der Dackel von Jägern besonders geschätzt. Die »gute Nase«, die Fährtentreue sowie die Sicherheit des Dackels bei dieser Arbeit wurden auf vielen Verbandsschweißprüfungen des Jagdgebrauchshundverbandes und Schweißkunstprüfungen des DTK bewiesen und dokumentiert.

Da der Dackel von Natur aus wasserfreudig ist, macht es ihm überhaupt nichts aus, auch einmal eine geschossene Ente aus dem Wasser zu holen. All diese Leistungen sind in der sogenannten Vielseitigkeitsprüfung gefordert und werden dort nach Punkten bewertet.

Der Kaninchenteckel ist, wie schon sein Name sagt, auf diese sich in unterirdische Baue zurückziehende Wildart spezialisiert. Er wird dafür eingesetzt, Kaninchen aus ihrem Bau zu treiben oder angeschossene Wildkaninchen aus dem Bau herauszuziehen.

PRÜFUNGEN ▶ Heute werden nur noch ca. 30% aller Dackel für den jagdlichen Gebrauch gezüchtet. Mehr Gewicht liegt heutzutage auf der Liebhaber- und der Schönheitszucht.

Erinnert man sich an die Worte von

Prüfungen

- [ ] Schußfestigkeitsprüfung
- [ ] Schweißsuche auf künstlicher Wundfährte (20 Stunden)
- [ ] dito (40 Stunden)
- [ ] Spurlautprüfung
- [ ] Stöberprüfung
- [ ] Vielseitigkeitsprüfung
- [ ] Baueignungsbewertung im Kunstbau BhFK/95
- [ ] Baueignungsbewertung im Naturbau (während der Jagdausübung)
- [ ] Wassertest
- [ ] Begleithundprüfung

Dr. Engelmann am Anfang des Kapitels, so resultiert daraus der Aufruf an alle Nichtjäger, die ursprüngliche und angewölfte Jagdpassion ihrer Dackel wachzuhalten. Zahlreiche Prüfungen bieten die Möglichkeit, die Qualitäten des Hundes bezüglich seiner Jagdfähigkeit zu testen und bewerten zu lassen. Viele Nichtjäger werden erstaunt sein über die hervorragenden Leistungen, die ihr seit Generationen nicht mehr jagdlich geführter Dackel dort erbringt.

Alle Dackel – auch die kleineren Schläge – sind, wenn sie von guten Zuchten abstammen, zur jagdlichen Führung geeignet. Natürlich ist eine gute Ausbildung die Voraussetzung für späteres Gelingen. Hunde, mit denen solche Übungskurse durchgeführt werden, können ihren jagdlichen Wert und ihr Leistungsvermögen in abschließenden Prüfungen beweisen.

▶ Begleithundprüfung

Die Begleithundprüfung ist zwar keine jagdliche Prüfung im eigentlichen Sinne, im Hinblick auf die jagdliche Ausbildung aber eine perfekte Gehorsamsprüfung. Viele Hundehalter haben sich einer solchen Prüfung zugewandt, um mit dem Hund in der Öffentlichkeit gewisse Sicherheit in der Führung (z.B. beim Spaziergang im städtischen Straßenverkehr) zu erlangen und – mit einem entsprechenden Dokument ausgestattet – Menschen und Organisationen, die ihre Hundefeindlichkeit nicht verbergen können und wollen, entgegentreten zu können. Außerdem gibt die Ausbildung zu einer solchen Prüfung immer neue Kontaktmöglichkeiten zu Gleichgesinnten.

Die bestandene Begleithundeprüfung wird mit einem Leistungszeichen

Nach der Jagd

in die Ahnentafel eingetragen. Des weiteren gibt es auch Prüfungen, die in der Natur durchgeführt werden. Die geglückte Schweißsuche und die »Baueignungsbewertung auf Fuchs« werden ebenfalls auf der Ahnentafel vermerkt. Hunde, die eine Spurlautprüfung, Stöberprüfung oder Vielseitigkeitsprüfung bestehen und jünger als ein Jahr sind, erhalten zum Leistungszeichen den Zusatz »J« (= Jugend).

Es macht Spaß, mit Gleichgesinnten und ihren Dackeln in der freien Natur zu arbeiten und sich mit ihnen gemeinschaftlich auf die anstehenden Prüfungen vorzubereiten. Vielleicht nutzen auch Sie einmal die Möglichkeit, mit Ihrem Dackel gemeinsam ein Team zu bilden. Interessenten erhalten Anleitungen und Auskünfte bei den örtlichen Gruppen des Teckelklubs.

Die Grundlage einer zielgerichteten Ausbildung sind der Gehorsam, die Leinenführigkeit, ständige Übung und die Prüfung nach Abschluß eines Lehrgangs.

Sportliche Betätigungen liebt der Dackel, aber eine Fahrradtour absolviert er doch lieber als Beifahrer im Korb.

Urlaub

Die Urlaubszeit rückt näher und damit auch das Problem: »Was machen wir mit unserem Hund?« Niemand läßt seinen Hund gern zurück, wenn es in den Urlaub geht. Lange und ausgedehnte Spaziergänge und sich »frischen Wind« um die Nase wehen zu lassen, das tut nicht nur dem Herrchen, sondern auch dem Hund gut.

Viele Hotels haben sich in den letzten Jahren auf den Besuch von Gästen mit Hunden eingestellt. In den Seebädern des In- und Auslandes gibt es heutzutage sogar schon Hundestrände, wo Mensch und Hund gemeinsam ihre Erholungszeit verbringen können.

TIP

Es gibt deutsche und europäische Hotelführer, die auf »Ferien mit Hund« eingestellt sind und über Anschriften und Formalitäten informieren.

AUTOREISEN ▶ Die meisten Urlauber mit Hund fahren mit dem Auto in den Urlaub. Die Fahrten sind mitunter recht lang; daher sollte man immer etwas Wasser und einen Napf für den Vierbeiner mitnehmen. Die Reise sollte der Hund nüchtern antreten, damit ein bei vielen Hunden auftretendes Unwohlsein mit eventuellem Erbrechen verhindert wird. Tabletten gegen die Reisekrankheit bekommt man beim Tierarzt oder in der Apotheke.

Drei weitere Punkte, die man auf Autoreisen mit dem Dackel beachten sollte: Um bei starkem Bremsen zu vermeiden, daß der Hund von den hinteren Sitzen nach vorne geschleudert wird, ist es sicherer, ein Auffangnetz zwischen den Vorder- und Hintersitzen zu spannen oder den Vierbeiner in einer Transportbox unterzubringen.

Lassen Sie Ihren kleinen Reisebegleiter niemals aus dem geöffneten Fenster schauen. Der scharfe Fahrtwind kann den Augen, der Nase und dem Gehör des Hundes schaden. Bei kleinen Pausen auf Rastplätzen empfiehlt es sich, den Hund anzuleinen, bevor der Wagen geöffnet wird. Zum

In solchen Transportboxen sind Dackel bei Autofahrten sicher untergebracht.

einen, weil Ihr Dackel die Umgebung nicht kennt, und zum anderen, weil herannahende Autofahrer an Rastplätzen nicht mit freilaufenden Hunden rechnen.

BAHNREISEN ▶ Wer seinen Hund auf einer Bahnreise mitnimmt, der muß eine Fahrkarte zum halben Preis lösen. Natürlich dürfen Sie Ihren Dackel mit in das Personenabteil nehmen. Auch im Schlafwagen ist für ihn Platz, solange Sie nicht mit Fremden die Kabine teilen müssen. Eine besonders preisgünstige Möglichkeit bietet die Mitnahme des Hundes in einem sicheren Transportbehälter im Gepäckwagen, wo Sie ihn selbst abgeben und am Zielort wieder in Empfang nehmen können. Es empfiehlt sich jedoch, rechtzeitig vor Reiseantritt genauere Auskünfte einzuholen.

Reisegepäck für den Dackel

- [ ] Futter- und Wassernapf
- [ ] gewohntes Futter
- [ ] Leine und Halsband mit Adreßanhänger
- [ ] Spielzeug
- [ ] Decke oder Körbchen
- [ ] Kamm, Bürste, Zeckenzange
- [ ] Maulkorb
- [ ] Impfpaß
- [ ] Reiseapotheke mit Verbandszeug, Durchfallmittel, Tabletten gegen Reisekrankheit, ggf. benötigten Medikamenten

FLUGREISEN ▶ Auf einer Reise mit dem Flugzeug dürfen Sie Ihren Hund nur dann mit in den Passagierraum nehmen, wenn das Gewicht einschließlich des Transportbehälters fünf Kilogramm nicht übersteigt. Innerhalb von Deutschland wird der so mitgeführte Hund als Reisegepäck angesehen, und er darf kostenlos mitfliegen. Bei Auslandsflügen gelten andere Bestimmungen. Bis zum Abflug bleibt der Dackel in seinem Transportbehälter bei Ihnen. Dann wird er in den Frachtraum, der genauso klimatisiert ist wie der Passagierraum, gebracht. Der Flugpreis richtet sich nach dem Gewicht. Manche Flugzeuge besitzen keine klimatisierten Gepäckräume. Die Gesellschaften lehnen deshalb die Beförderung von Hunden ab. Wenn Sie dennoch nicht auf Ihren Dackel verzichten wollen, so lassen Sie ihn mit einer Linienmaschine als Frachtgut nachkommen. Beachten Sie dabei die Einreisebestimmungen des jeweiligen Landes, und fügen Sie dem Frachtgut den Frachtbrief und den Impfpaß bei, der einen gültigen Tollwutimpfschutz bescheinigen muß. Bei langen Reisen sollte man das Bordpersonal über den vierbeinigen Fluggast informieren. So können Sie sichergehen, daß der Dackel bei Zwischenlandungen versorgt und verpflegt wird. Erkundigen Sie sich bereits bei der Buchung nach den Einzelheiten und Formalitäten!

SCHIFFSREISEN ▶ Auch auf einer Schiffsreise können Sie Ihren Dackel mitnehmen. Auf großen Passagierschiffen findet man eigene Hunde-

Balgen und Spielen sind für manche Dackel die schönste Belohnung.

decks und natürlich auch Hundezwinger. Selbstverständlich sollte man sich vor jeder Reise erkundigen, ob man seinen Dackel mitnehmen kann. In Quarantäneländern muß der Hund bei Landausflügen an Bord bleiben.

Auf allen Reisen ist es ratsam, einen passenden Maulkorb für den Dackel mitzunehmen. Auch eine kleine Hundeapotheke, die Verbandszeug, Mittel gegen Durchfall, Tabletten gegen Reisekrankheit und Wundpuder enthält, sollte man immer dabeihaben. Und um ganz sicherzugehen: Befestigen Sie am Halsband Ihres Hundes – gut sichtbar – sowohl Ihre Heimat- als auch Ihre Urlaubsadresse für den Fall, daß Ihr Dackel einmal abhanden kommt.

Die Einreisebestimmungen sind in den einzelnen Ländern sehr unterschiedlich. Zumeist benötigen Sie eine amtstierärztliche Bestätigung über eine Tollwutschutzimpfung, die mindestens einen und nicht mehr als zwölf Monate zurückliegt. Einige Länder verhängen eine – teils mehrwöchige – Quarantäne, so daß die Mitnahme des Hundes

auf einer Urlaubsreise gar nicht möglich ist.

Über die aktuellen Bestimmungen der einzelnen Reiseländer informiert Ihr Reisebüro oder der Tierarzt, der ADAC oder auch das Konsulat des jeweiligen Landes.

URLAUBSPFLEGE DAHEIM ▶ Wenn der Dackel zu Hause bleiben muß, dann sind meist Verwandte oder Freunde die Retter in der Not. Haben Sie Pflegeeltern für Ihren Hund gefunden, so besuchen Sie – am besten mehrmals – vor Ihrem Reiseantritt diese Leute mit dem Dackel. Der Hund hat dann Gelegenheit, durch Schnuppern ersten Kontakt aufzunehmen und sich mit der Umgebung vertraut zu machen.

TIP

Vielleicht erklärt sich auch der Züchter des Dackels bereit, diesen für ein paar Tage zu sich zu nehmen. Mitunter interessiert er sich für die Entwicklung des aus seiner Zucht stammenden Hundes, die er bei einer solchen Gelegenheit bestens studieren könnte.

Seine »sieben Sachen« werden nun zusammengepackt: der Schlafkorb, seine Decke, der Futternapf und die Trinkschale, das Spielzeug, die Leine, das Halsband mit Steuermarke und Tollwut-Impfplakette. In der Fremde bedeuten diese Dinge für ihn ein Stückchen Heimat. Vergessen Sie auch nicht, dem Hundegepäck eine Fütterungsanleitung oder – noch besser – einige Dosen auf Vorrat und ein paar Hundekuchen mitzugeben. Sie schützen damit Ihren Hund vor Verdauungsstörungen infolge von Futterumstellung. Hinterlassen Sie Ihre Urlaubsanschrift und die Telefonnummer des Tierarztes.

Hat sich im Bekanntenkreis niemand zur Urlaubsbetreuung gefunden, dann können Sie Ihren Dackel auch in einer Tierpension unterbringen. Da er hier mit anderen Vierbeinern zusammentreffen wird, muß ein gültiger Impfschutz gegen alle Infektionskrankheiten vorhanden und im Impfpaß bestätigt sein. Gegen Heimweh hilft das vertraute Spielzeug.

Dackel züchten

Dackel züchten

▸ Ausstellungen

Wenn Sie meinen, daß Ihr Dackel ein ganz besonders schönes Exemplar seiner Rasse ist, und wenn ein Experte Ihnen dieses vielleicht auch noch bestätigt, dann sollten Sie sich überlegen, mit Ihrem Dackel auf eine Ausstellung zu gehen. Doch einen Ratschlag vorweg: Gehen Sie erst einmal als Zuschauer zu einer Ausstellung oder einer Zuchtschau, um dort den genauen Ablauf zu studieren. Beobachten Sie genau das Geschehen und entschließen Sie sich erst dann, ob Sie sich und Ihren Hund dem »Ausstellungsstreß« aussetzen wollen.

VORBEREITUNGEN ▸ Bevor man selbst als Aussteller aktiv wird, sollte man einige Überlegungen angestellt haben: Man muß sich im Vorfeld anmelden und für den Ausstellungstag genügend Zeit einplanen. Eine mehr oder weniger weite Anfahrt erfordert einen rechtzeitigen Reisebeginn. Die Tore für die Hunde und ihre Besitzer

Roeseler hat in seinem Bild von der »Ersten großen Teckelausstellung« so ziemlich alle möglichen Vorfahren unserer heutigen Dackel verewigt.

Zur Ausstellung mitnehmen

- [ ] Meldebestätigung
- [ ] Impfpaß
- [ ] Ahnentafel
- [ ] Halsband und Leine
- [ ] Kamm und Bürste
- [ ] Wasserflasche und Napf
- [ ] Klappstuhl und Proviant

werden meist um 7.30 Uhr geöffnet, um 9.00 Uhr müssen sich alle Aussteller mit ihren Hunden auf dem Ausstellungsgelände befinden.

Die Katalogstelle und Ausstellungsleitung ist meist in der Nähe des Eingangs. Hier holt man sich die Registrierkarte, die im Ring für den Richter deutlich sichtbar getragen werden muß. Jeder Aussteller erhält einen Katalog, dessen Preis im Meldegeld enthalten ist.

Überprüfen Sie sofort, ob Ihr Dackel in der richtigen Klasse eingetragen ist. Nicht selten passiert es, daß eine Einordnung verkehrt erfolgt ist, man den Fehler zu spät bemerkt und die Klasse, in der der Dackel eigentlich vorgestellt werden sollte, schon gerichtet ist. Der Dackel wird dann in seiner richtigen Klasse nachgerichtet, aber eine Plazierung erfolgt nicht mehr. Damit wird er um den vielleicht verdienten Preis und um seinen Siegertitel gebracht.

Bevor die Ausstellung geschlossen wird, darf kein Aussteller mit seinem Hund das Gelände verlassen. Diese Bestimmung wurde für den Besucher eingerichtet, der, nachdem er Eintrittsgeld bezahlt hat, alle Preisgekrönten – und natürlich auch deren Konkurrenten – bewundern und sich an deren Schönheit erfreuen möchte.

Doch eine Ausstellung kostet nicht nur Zeit, sondern auch Geld. Die Ausstellungsgebühren sind hoch, da dem Veranstalter erhebliche Kosten entstehen. Der Druck und Versand von Einladungen und Plakaten verschlingt große Summen. Des weiteren sind Versicherungen abzuschließen; für die Unterkunft der Richter muß gesorgt werden.

Alte »Ausstellungshasen« werden Ihnen gerne bestätigen, daß eine Ausstellung auch Nerven kostet. Vor allem dann, wenn man ehrgeizig nach der Bestätigung sucht, daß man den schönsten Hund hat. In diesem Fall wird sich Ihre Unruhe und Nervosität auch auf den Hund übertragen, was wiederum das Gesamtbild Ihres Dackels beeinträchtigt. Nehmen Sie deshalb das Ganze mit einer gewissen Gelassenheit und bedenken Sie: Risikobereitschaft ist eine weitere wichtige Voraussetzung für Aussteller. Verlieren ist nicht leicht! Freuen Sie sich mit dem Sieger; er wird eine spontane Gratulation seiner Mitstreiter nach Verkündigung des Richterurteils sehr zu schätzen wissen. Und vielleicht sind Sie ja auf der nächsten Ausstellung derjenige, dem solche Gratulationen gelten. Übrigens, Richterurteile können nicht angefochten werden, sie sind endgültig.

VORAUSSETZUNGEN ▶ Auch Ihr Dackel hat für den Ausstellungsbesuch einige Voraussetzungen zu erfüllen. Er muß bei bester Gesundheit und gut gepflegt sein. Zudem sollte er sich von dem auf der Ausstellung herrschenden Lärm nicht verunsichern lassen und ordentlich an der Leine gehen. Eine Kontrolle des Gebisses und der Rute auf dem Richtertisch muß er geduldig über sich ergehen lassen. Das kann schon von klein auf geübt werden.

KLASSEN UND BEWERTUNGEN ▶ Für welche Klasse Ihr Dackel gemeldet werden kann, geht aus den Einladungen und Meldepapieren hervor. Auf CACIB-Ausstellungen (Certificat d'Aptitude au Championat International de Beauté) gilt folgende Klasseneinteilung:

Klasseneinteilung auf CACIB-Ausstellungen

Klasse	*Alter*
Jüngstenklasse	6–9 Monate
Jugendklasse	9–18 Monate
Offene Klasse	ab 15 Monate
Gebrauchshundklasse	ab 15 Monate
Ehrenklasse	ab 15 Monate
Veteranenklasse	ab 8 Jahre
Paarklasse	ab 9 Monate
Zuchtgruppe	(mindestens 3 Hunde aus eigener Zucht)

Man kann also schon im frühesten Jugendalter mit dem Dackel auf Ausstellungen gehen. Die »Kleinen« aus der **Jüngstenklasse** werden lediglich hinsichtlich ihres Potentials beurteilt, die Bewertung lautet hier entweder »Vielversprechend«, »Versprechend« oder »wenig versprechend«.

Zwischen dem neunten und 18. Monat kann Ihr Dackel in der **Jugendklasse** ausgestellt werden. Hier werden dann erstmalig Formwertnoten vergeben. Die beste Plazierung wird – bis zum 15. Lebensmonat – mit der Note Sg (= Sehr gut, 1. Platz) bewertet.

Ab dem 15. Monat kann der Dackel dann in der **Offenen Klasse** starten. Die beste Formwertnote ist »Vorzüglich«, das Alter nach oben hin offen. Hunde, mit denen gezüchtet werden soll, müssen den Formwert »Sehr gut« erreicht haben. Die weiteren Beurteilungen unterteilen sich in gt (gut), ggd (genügend), nggd (nicht genügend).

»Vorzüglich« darf nur einem Hund zuerkannt werden, der dem Idealstandard der Rasse sehr nahe kommt, in ausgezeichneter Verfassung vorgeführt wird, ein harmonisches, ausgeglichenes Wesen ausstrahlt, »Klasse« und eine hervorragende Haltung hat. Seine überlegenen Eigenschaften werden kleine Unvollkommenheiten vergessen machen, aber er wird die typischen Merkmale seiner Rasse aufweisen.

»Sehr gut« wird nur einem Hund zuerkannt, der die typischen Merkmale seiner Rasse besitzt, von ausgeglichenen Proportionen und in guter Verfassung ist. Man wird ihm einige verzeihliche Fehler nachsehen, jedoch keine morphologischen.

»Gut« ist einem Hund zu erteilen, welcher die Hauptmerkmale seiner Rasse besitzt, aber Fehler aufweist – unter der Bedingung, daß diese nicht verborgen werden.

»Genügend« erhält ein Hund, der seinem Rassetyp genügend entspricht, ohne dessen allgemein bekannte Eigenschaften zu besitzen bzw. dessen körperliche Verfassung zu wünschen übrig läßt.

»Nicht genügend« erhält ein Hund, der nicht dem durch den Standard vorgeschriebenen Typ entspricht, ein nicht standardgemäßes Verhalten zeigt, mit einem Hodenfehler behaftet ist, einen erblichen Zahnfehler oder eine Kieferanomalie aufweist, einen Farb- oder Haarfehler hat oder eindeutig Zeichen von Albinismus erkennen läßt. Dieser Formwert ist ferner dem Hund zuzuerkennen, der einem einzelnen Rassemerkmal so wenig entspricht, daß die Gesundheit des Hundes beeinträchtigt ist. Mit diesem Formwert muß auch ein Hund bewertet werden, der nach dem für ihn geltenden Standard einen schweren bzw. disqualifizierenden Fehler hat.

»Ohne Bewertung« darf nur ein Hund aus dem Ring entlassen werden, dessen Gangwerk, Gebäude, Gebiß, Haarkleid, Hoden, Rute usw. nicht durch den Zuchtrichter kontrolliert werden können oder wenn sich am vorgeführten Hund Spuren von Eingriffen oder Behandlungen feststellen lassen, die einen Täuschungsversuch wahrscheinlich machen. Dasselbe gilt, wenn der Zuchtrichter feststellt, daß ein operativer Eingriff am Hund vorgenommen wurde (z.B. Lid-, Ohr-, Rutenkorrektur), der über die ursprüngliche Beschaffenheit hinwegtäuscht. Der Grund für die Beurteilung »ohne Bewertung« ist im Richterbericht anzugeben, so lautet die offizielle Formulierung in der VDH-Zuchtrichter-Ordnung vom 16.2.1990.

Ebenfalls ab dem 15. Monat kann der Dackel, der die Leistungsbedingungen erfüllt hat, in der **Gebrauchshundklasse** antreten.

Dachshunde, die einen Siegertitel gewonnen haben – zum Beispiel »Internationaler Champion«, »Nationaler Champion«, »VDH-Champion«, »Deutscher Bundessieger«, »Europasieger«, »Weltsieger« –, dürfen in der **Siegerklasse** gemeldet werden. Das Mindestalter beträgt auch hierfür 15 Monate.

Aussteller, die eine **Zuchtgruppe** anmelden wollen, müssen beachten, daß mindestens drei Hunde gleicher Haarart und Größenvarietät aus ihrer Zucht gemeldet werden. Jeder der drei Teckel muß auch im Einzelwettbewerb gestartet sein und dort eine Einzelbeurteilung erhalten haben. Die beste Zuchtgruppe einer Rasse beteiligt sich am Zuchtgruppen-Gesamtwettbewerb, der von drei Richtern bewertet wird.

Um den seltenen Titel »Internationaler Schönheitschampion« zu erhalten, müssen vier Anwartschaften auf diesen Titel unter drei verschiedenen Richtern in drei verschiedenen Ländern vorliegen. Der Zeitraum dieser Bewertungen umfaßt mindestens ein Jahr und einen Tag. Eine der Anwartschaften muß im Heimatland des Teckelbesitzers errungen worden sein.

TECKELZUCHTSCHAUEN ▶ Zu einer Teckelzuchtschau ist eine Anmeldung nicht erforderlich. Auf ihr wird lediglich der Formwert des Dakkels ermittelt und damit die Zuchttauglichkeit festgestellt. Ohne weitere Formalitäten, allerdings mit dem gültigen Impfausweis und der Ahnentafel ausgestattet, kann man an der Meldestelle vorsprechen und sich mit seinem Hund anmelden. In der Reihenfolge der eingegangenen Meldungen werden die Hunde im einzelnen aufgerufen, im Ring vorgeführt, bewertet und vom Richter öffentlich beschrieben. Die Bewertung wird auf der Ahnentafel eingetragen und vom Richter mit seiner Unterschrift bestätigt.

ABLAUF ▶ Doch nun genug von so viel Theorie und Titeln. Sie haben sich also entschlossen, mit Ihrem Dackel auf eine Ausstellung zu gehen, und jetzt ist es soweit: Ihr Dackel wird aufgerufen!

Nun muß Ihr Hund in den Ring. Der amtierende Richter bekommt ihn zunächst auf einem Tisch vorgestellt. Er überzeugt sich, daß kein Gebißfehler vorliegt, ob die Augenfarbe richtig und keine abgesetzte Brust vorhanden ist. Danach untersucht er ausgiebig die Rute; es dürfen keine Verwachsungen der einzelnen Wirbel fühlbar sein, da, wie im Zusammenhang mit dem Standard erläutert, genetisch bedingte Rutenfehler zum Zuchtausschluß führen.

Es empfiehlt sich, das Gebiß des Teckels in das allgemeine Schönheitspflegeprogramm vor der Ausstellung mit einzubeziehen und es beim Tierarzt reinigen zu lassen, um die Zähne vom eventuell vorhandenen Zahnstein zu befreien, denn mit Zahnstein belegte Zähne machen auf einen Richter keinen guten Eindruck.

Nach der Einzelbewertung erfolgt die Gegenüberstellung mit den anderen Teilnehmern einer Klasse. Dackel werden an der Leine vorgeführt, da Ketten und Brustgeschirre verpönt sind.

TIP

Manche Aussteller haben Vorführleinen aus Plastik, die besonders schmal sind. Sie können allenfalls dazu dienen, die Halspartie des Dachshundes eleganter erscheinen zu lassen; einen besseren Kontakt zwischen Ihnen und Ihrem Dackel vermittelt das normale Lederhalsband und eine Lederleine.

Was bleibt mir als Autor im Anschluß an dieses Kapitel anderes übrig, als Ihnen und Ihrem Dackel für alle Ausstellungen viel Glück zu wünschen!

Und noch etwas: Sollte es einmal nicht für die Plazierung auf den ersten Plätzen reichen, dann tragen Sie dies auf keinen Fall Ihrem Hund nach. Er ist und bleibt der liebenswerte und treue Dackel, so wie Sie ihn bis dahin geliebt haben – mit und ohne Plazierung. Ein guter Charakter ist das Wichtigste und sollte immer Äußerlichkeiten vorgezogen werden.

▶ Grundlegendes zur Zucht

Hundezucht ist – und sollte es auch immer bleiben – ein Hobby. Jeder, der sich in das »Abenteuer Zucht« stürzt, muß wissen, daß man niemals aus finanziellen Gründen eine Hundezucht betreibt. Die Zucht von Dackeln ist kein lukratives und Geld einbringendes Geschäft, und das sollte es auch niemals werden.

Die Züchtung von Dackeln, die Aufzucht der Welpen bis zur Abgabe an die neuen, zukünftigen Besitzer ist mit der Arbeit vieler Stunden und Tage verbunden. Nebenbei entstehen dabei auch einige Kosten, z.B. für die Deckgebühr, für Fütterung, Eintragungsgebühren und die Tierarzthonorare.

Man muß schon Idealist sein, wenn man sich entschließt, für Dackelnachwuchs zu sorgen.

Wer diesen Idealismus besitzt, der sollte aber einige Grundbegriffe kennen und beherzigen: Es ist nicht damit getan, daß man seiner Hündin den nächstbesten Rüden zuführt, um dann der Dinge zu harren, die da kommen.

Die Verbände haben Richtlinien erlassen, die besagen, daß nur mit

TIP

Ein Grundsatz in der Dackelzucht lautet: Gesunde Hündinnen müssen mit gesunden Rüden gepaart werden, um die wertvollen Rassen zu erhalten und, wenn möglich, noch zu verbessern. Daß man zur Einhaltung dieses Grundsatzes die Hundepartner sorgfältig auswählen muß, um das Zuchtziel zu erreichen, dürfte selbstverständlich sein.

wesensfesten, gesunden Hunden, die den Mindestformwert »Sehr gut« auf einer Zuchtschau oder Ausstellung erhalten haben, gezüchtet werden darf. Des weiteren müssen die Zuchtlinien zueinander passen.

Wer Hunde gewerbsmäßig züchten will, benötigt übrigens eine Genehmigung gemäß § 11 des Tierschutzgesetzes. Von gewerbsmäßigem Züchten gehen die Behörden aus, wenn mehr als drei Zuchthündinnen gehalten werden.

Es gibt drei Möglichkeiten, eine gezielte Hundezucht durchzuführen. Man spricht von einer **Fremdzucht,** wenn Rüde und Hündin nicht miteinander verwandt sind. In der Praxis ist es aber so, daß man kaum Dackel findet, die keine gemeinsamen Vorfahren haben. Eine weitere Möglichkeit bietet die **Inzucht** mit ihren beiden Varianten. Die **Linienzucht** (mäßige Inzucht) besagt, daß die Paarung von Halbgeschwistern und verwandten Hunden, z.B. von Vetter/Base, Onkel/Nichte, vorgenommen wird. Unter Inzestzucht (enger Inzucht) versteht man die Paarung von z.B. Vollgeschwistern, Vater/Tochter sowie Mutter/Sohn. Bei solchen Paarungen bestehen größere Chancen, gute Eigenschaften herauszuzüchten. Im gleichen Maße steigt aber auch die Gefahr, daß schlechte Eigenschaften – Fehler, die zum Zuchtausschluß führen – an die nachfolgende Generation weitervererbt werden. Inzucht sollte daher nur von erfahrenen Züchtern betrieben werden; im DTK ist die Genehmigung des Bundeszuchtwartes erforderlich. Unerfahrenen sei empfohlen, sich bei versierten Züchtern vorher Rat zu holen.

TIP

Es gilt auf jeden Fall der Grundsatz: Züchte nie mit Dackeln, die die gleichen Fehler aufweisen!

Da der Dachshund als Gebrauchshund jagdlichen Anforderungen gewachsen sein muß, sollte sein Körper diesem Verwendungszweck angepaßt sein; d.h., neben fester Gesundheit sollte die Gestalt muskulös und kräftig sein. Auf keinen Fall dürfen ängstliche und somit wesensschwache Dackel der Zucht zugeführt werden.

Jeder Züchter sollte wissen, daß – nach den Zuchtrichtlinien des Verbandes für das Deutsche Hundewesen – die Ausbeutung einer Hündin nicht zulässig ist. Das bedeutet, daß einer Hündin jährlich nicht mehr als ein Wurf zugemutet werden darf. Es müßte jedem Züchter widerstreben, eine Hündin mehr Welpen aufziehen zu lassen, als ihre Kondition zuläßt. Eine Hündin sollte nach Vollendung des achten Lebensjahres nicht mehr belegt werden. Für Rüden besteht keine Altersbegrenzung.

Das Liebeswerben zweier Dackel vor dem Deckakt.

Die Vorbereitungen

Beide Hundebesitzer, die ihre Dackel paaren wollen, treten vor dem Deckakt miteinander in Kontakt. Die Zuchtrichtlinien des Verbandes gewähren beiden Seiten dabei ein großes Maß an Entscheidungsfreiheit Der Besitzer des Rüden kann einen Deckakt ohne Begründung ablehnen. Aus diesem Grund sollten sich unerfahrene Züchter vor der Wahl des Deckrüden von einem Zuchtwart beraten lassen. Vereinbarungen über einen Deckakt können mündlich oder schriftlich erfolgen.

Die geltenden Bestimmungen sind in den Zucht- und Eintragungsbestimmungen des Deutschen Teckelklubs beschrieben. Wichtig ist zu wissen, daß Welpen, deren Mutter in ein und derselben Hitze von mehreren Rüden belegt wurde, nicht eingetragen werden. Das gleiche gilt für Welpen, die aus Kreuzungen verschiedener Haararten stammen, und für solche, deren Eltern keinen lückenlosen Abstammungsnachweis besitzen.

Züchter ist derjenige, in dessen Besitz die Hündin zum Zeitpunkt des Belegens ist. Es gibt jedoch Ausnahmen: Züchter ist auch der, der eine belegte Hündin und das künftige Zuchtrecht von dem Vorbesitzer käuflich erwirbt. Eine weitere Ausnahme stellt die Überlassung oder Vermietung einer noch nicht belegten Hündin zu Zuchtzwecken dar. Um späteren Streitigkeiten vorzubeugen, muß auf jeden Fall immer eine schriftliche Vereinbarung getroffen werden.

Für alle Züchter besteht die Pflicht, einen Zwingernamen zu erwerben. Man beantragt ihn beim Stammbuchamt, indem man fünf Namen in der gewünschten Reihenfolge aufführt. Die Namen werden der Reihe nach daraufhin überprüft, ob sie bereits vergeben sind; der erste, der noch nicht benutzt wurde, wird dann der Zwingername.

Als Zwingernamen kommen Orts- oder Straßennamen, Namen von Bergen, Tälern und Flüssen in Frage. Die Auswahl ist also recht groß. Jeder Züchter kann jedoch nur einen Zwingernamen beantragen, es sei denn, er

Durch Seitwärtsdrehen der Rute zeigt die Hündin ihre Paarungsbereitschaft an, sie »steht«.

züchtet verschiedene Haararten. Der Zwingername ist gesetzlich geschützt. Gegen jede unbefugte Benutzung kann geklagt werden.

Der Züchter verpflichtet sich, alle von ihm gezüchteten Dackel unter dem Zwingernamen in das Zuchtbuch eintragen zu lassen. Verstöße gegen diese Bestimmung können einen Vereinsausschluß nach sich ziehen. Der Zwingername und dessen Schutz gilt also nur für die Rasse, die unter ihm eingetragen ist. Der Name darf ausschließlich von einem Züchter für seine von ihm gezüchteten Hunde benutzt werden.

▶ Der Deckakt

Nun ist es soweit. Die vorbereitenden Maßnahmen sind getroffen, die Hündin muß nur noch läufig werden.

Gewöhnlich kommen Hündinnen zweimal im Jahr, meist im Abstand von sechs Monaten, in die Hitze. Das erste Anzeichen ist häufigeres Wasserlassen in kleineren Mengen und an verschiedenen Stellen. Das Geschlechtsteil der Hündin schwillt an. Die Rüden bekunden ihr Interesse bereits, bevor die Blutung einsetzt. Auf dem Höhepunkt der Blutung, etwa zwischen dem 10. und 12. Tag, ist die Paarungsbereitschaft der Hündin am größten. Doch nicht erst ab diesem Zeitpunkt, sondern schon vorher sollte man seine Zuchthündin unter strenger Aufsicht halten, damit kein fremder Rüde den Deckakt vollzieht. Das Sicherste ist, der Hündin ein Höschen anzulegen, wenn die Möglichkeit besteht, daß sie in dieser Zeit mit Rüden in Kontakt kommt. Geruchsbindende Mittel, auch die mit Chlorophyll, bieten keine hundertprozentige Sicherheit.

Der Besitzer des Deckrüden wird von der kommenden Läufigkeit der Hündin unterrichtet und die Höhe der Deckgebühr vereinbart. Entweder wird ein Deckgeld gezahlt, oder der Besitzer des Rüden darf sich aus dem Wurf einen Welpen, der mindestens sieben Wochen alt sein muß, aussuchen. Schriftliche Vereinbarungen sind hierbei sinnvoll.

Der Decktag wird festgelegt. Es ist üblich, daß am Tag der Belegung die Hündin zum Rüden gebracht wird. Muß die Hündin beim Besitzer des Rüden länger verbleiben, z.B. weil der Zeitpunkt des Belegens bei der Ankunft der Hündin noch nicht günstig war, so ist dieser für die sichere Unterbringung und gute Pflege der Hündin zuständig. Außergewöhnliche Kosten (bei Krankheiten usw.) gehen zu Lasten des Besitzers der Hündin.

Der Deckakt erfolgt, wenn beide Dackel zum »Hängen« kommen. Das ist ein normaler Vorgang, der sich dadurch auszeichnet, daß – im Augenblick der Besamung – der Schwellkörper (Penis) des Rüden einen großen Umfang annimmt. Die Hündin umklammert mit ihrer Schnalle (kynologischer Ausdruck für Scheide) den ausgedehnten Schwellkörper. Es dauert zwischen zehn und 30 Minuten, bis die Hunde sich wieder voneinander lösen können, da erst nach Ablauf dieser Zeit die starke Blutansammlung in dem angeschwollenen Schwellkörper des Rüden abgeflossen ist.

Es muß jedoch nicht immer zum Hängen kommen. Manche Rüden führen ihren Penis bei der Besamung nicht tief genug ein, so daß sich der Schwellvorgang außerhalb der Scheide vollzieht. In solchen Fällen ist es ratsam, die Hündin einige Minuten an der Hinterhand hochzuheben, damit der Samen des Rüden in Richtung des Muttermundes fließen kann.

Viele Hundebesitzer glauben einen zweiten Deckakt im Anschluß an den ersten vornehmen zu müssen. Die Wiederholung eines Deckaktes ist jedoch nur dann sinnvoll, wenn man sich nicht ganz sicher ist, ob dieser am richtigen Tag der Läufigkeit durchgeführt wurde.

Im Anschluß an den erfolgten Deckakt wird eine Deckbescheinigung an den Halter der Hündin ausgehändigt. Ferner übergibt der Deckrüdenbesitzer eine Fotokopie der kompletten Ahnentafel des Deckrüden an den Besitzer der Hündin. Sie muß später bei der Eintragung des Wurfes vorgelegt werden.

▶ Die Trächtigkeit

Mit großem Stolz und noch größerer Aufmerksamkeit wird man seiner Hündin in dieser für sie so wichtigen Zeit begegnen. Die trächtige Hündin braucht viel Auslauf. Doch es gilt zu bedenken, daß die Witterung für die Rüden noch ca. zehn Tage anhält. Aus diesem Grund sollte eine trächtige Hündin an der Leine ausgeführt und von fremden Hunden ferngehalten werden. Ein leichter Einsatz auf der Jagd kann erfolgen, jedoch sollten Überanstrengungen vermieden werden.

Die normale Tragezeit dauert 60 bis 63 Tage. Wenn die Hündin viele Welpen austrägt, kann es auch schon am 57. Tag zur Geburt kommen. Sichere Zeichen für eine Trächtigkeit gibt es in den ersten Wochen nicht. In der zweiten Hälfte der Schwangerschaft, etwa ab der fünften Woche, sollte die Futterration geteilt und in zwei Portionen verabreicht werden. Vermeiden Sie ab diesem Zeitpunkt, daß die Hündin Treppen läuft oder ausgiebig herumtollt, da das Leben der ungeborenen Jungen durch Stürze und Stöße gefährdet ist. Wie auch sonst üblich, muß frisches Trinkwasser jederzeit bereitstehen.

Eintretende Appetitlosigkeit ist kein Grund zur Besorgnis; die Hündin wird wieder ausgiebig Nahrung zu sich nehmen, wenn sich die beanspruchten Organe beruhigt haben. Es wäre völlig verkehrt, die trächtige Hündin mit Naschwerk und übermäßig viel Futter zu verwöhnen. Übergewicht erschwert nicht nur die Tragezeit, sondern auch die Geburt. Spurenelemente und Vitamine sollten in ausgewogener Menge zugeführt werden.

Führen Sie in der Mitte der Tragezeit eine Wurmkur durch. Ihr Tierarzt nennt Ihnen den richtigen Zeitpunkt, an dem die Wurmkur unbedenklich vorgenommen werden kann. Eine Wurmkur zu diesem Zeitpunkt ist jedoch keine Garantie dafür, daß die Welpen wurmfrei auf die Welt kommen.

▸ Die Geburt

Der normale Wurftag liegt zwischen dem 60. und dem 63. Tag der Trächtigkeit. Wenn sich die Geburt verzögert – manche Dackelhündinnen werfen erst am 64. oder 65. Tag –, dann ist eine Untersuchung durch den Tierarzt notwendig, um die Ursache dafür festzustellen.

Wenn eine Wehenschwäche vorliegt oder durch die Querlage eines Welpen der Geburtsweg blockiert ist, könnte ein Kaiserschnitt erforderlich sein. Aber keine Angst – die Durchführung eines solchen Eingriffs gehört heutzutage zur tierärztlichen Routine.

Hat eine Hündin ihre Jungen einmal mit einem Kaiserschnitt auf die Welt gebracht, so ist dies kein Hinderungsgrund, die Hündin wieder belegen zu lassen. Laut den Zuchtbestimmungen des DTK muß eine Hündin nach der zweiten Kaiserschnittgeburt allerdings aus der Zucht genommen werden.

Temperaturmessungen, die immer zur gleichen Uhrzeit und unter den gleichen Bedingungen stattfinden sollten, sind bei Normalgebärenden ebenso wichtig wie bei Hündinnen mit Geburtskomplikationen. Ein Temperaturanstieg über 39,3 °C erfordert eine

Nach einer Kaiserschnitt-Geburt trinken die 3 Tage alten Welpen zufrieden.

eingehende Untersuchung und Behandlung.

Ein Temperaturabfall zeigt an, daß die Geburt innerhalb der nächsten 24 Stunden stattfinden wird. Ein farb- und geruchloser Ausfluß tritt hervor, durch den der Geburtsweg eingeschleimt wird. Die Wehen setzen ein, und nach dem Springen der Fruchtblase beginnt die eigentliche Geburt: Die Welpen kommen auf die Welt.

Nach Möglichkeit sollte die Hauptbezugsperson der Hündin während der Geburt zugegen sein. Ihre Nähe, unterstützt von bestärkenden, liebevollen Worten, wird der Hündin eine große Hilfe sein.

Das Abnabeln und Belecken der Welpen bis zur ersten Lautäußerung nimmt die Hündin meist selbst vor. Sollte das nicht der Fall sein, so muß man helfen und die abgenabelten Welpen mit einem sauberen, weichen Tuch so lange abrubbeln, bis sie die ersten Laute von sich geben.

▸ Die Welpenaufzucht

Die Geburt ist normal und problemlos verlaufen, alle Welpen sind gesund zur Welt gekommen. Mit großem Erstaunen wird man nun feststellen, wie schnell diese kleinen, noch blinden Wesen – beim Normalschlag sind es vier bis sechs, beim Kleinteckel zwischen zwei und vier Welpen – das Gesäuge der Mutter finden und mit den kleinen Beinchen unter Stoßbewegungen die Milch in die Zitzen pumpen (Milchtritt). Der Saugvorgang setzt ein, und man könnte jetzt stundenlang zusehen, wie die kleinen Hundemäulchen schmatzend die Zitzen der Mutter umklammert halten. Aber die Hündin und die Welpen brauchen nun Ruhe.

Doch bevor Sie Mutter und Kinder ihrem eigenen Glück überlassen, muß die Unterlage in der Wurfkiste erneuert und durch saubere, trockene Tücher ersetzt werden. Die Gelegenheit sollte man nutzen, die Hündin nach draußen zu tragen, damit sie ihr Geschäft verrichten und sich mit entleerter Blase und Darm wieder ihren Welpen widmen kann.

Tragen Sie dafür Sorge, daß nicht dauernd Familienmitglieder oder gar Fremde nach dem Wurf schauen. Jede Unruhe kann bei der Hündin – durch den enormen Kalziumverlust bei der Geburt – zu einer Eklampsie führen.

Eine Eklampsie äußert sich in anfänglichem Zittern, stärker werdender Unruhe bis hin zu tetanischen Krämpfen. Eine sofortige Behandlung mit einer verstärkten Kalziumzufuhr ist unbedingt notwendig. Gleichzeitige Einnahme von Vitamin B und speziellen Entkrampfungsmitteln führt zu einer Aufhebung des Zustandes. Leider können Rückfälle auftreten und unter Umständen das Absetzen der Welpen notwendig machen. Quark und Milch müssen, obwohl sie viel Kalk enthalten, wegen ihres hohen Phosphorgehaltes vorübergehend abgesetzt werden, um zu einem normalen Kalzium-Phosphor-Verhältnis zu kommen.

Lassen Sie sich durch das intensive

TIP

Ist der Raum, in dem die Wurfkiste steht, nicht warm genug oder fehlt die Sonneneinstrahlung gänzlich, so schafft man am besten mit einer Infrarotlampe Abhilfe, die über der offenen Wurfkiste befestigt wird. Die Temperatur bei den Welpen sollte 25 °C betragen.

Belecken und Anstupsen der Welpen durch die Hündin nicht beirren. Es dient der Atmungsförderung und der Anregung des Darmes, damit das Darmpech (der erste Welpenkot) sofort ausgeschieden wird.

In den ersten Lebenstagen benötigen die Welpen noch nicht so viel Nahrung, wie vielleicht in den Zitzen vorhanden ist. Beobachten Sie aus diesem Grund das Gesäuge der Hündin, damit Sie eventuell eintretende Verhärtungen rechtzeitig bemerken. Sollte dies der Fall sein, muß das Gesäuge vorsichtig ausgedrückt werden, um Entzündungen zu verhindern. Später, wenn die Welpen etwas größer sind, regelt sich der Milchfluß durch stärkeres Absaugen von selbst.

Solange die Hündin säugt, nimmt sie die Reinigung vor. Dazu gehört auch, daß sie die Ausscheidungen ihrer Jungen aufnimmt und sich selbst so lange gründlichst reinigt, bis der blutige Ausfluß zurückgegangen ist.

Bis zum neunten Tag sind die Welpen blind und taub. Augenlider und Ohren öffnen sich allmählich; erst im Alter von drei Wochen können die Welpen richtig sehen. Bis dahin sind sie mehr oder weniger lichtempfindlich und sollen daher in einem abgedunkelten Raum gehalten werden.

Sobald die Welpen richtig sehen und ihre Umwelt wahrnehmen können, setzt auch schon die Neugierde ein. Auf wackeligen Beinchen erkunden sie ihr Umfeld. Weitere zwei Wochen später wird ihnen die Wurfkiste auch schon zu klein. Sie setzen ihren Kot und ihren Urin nun außerhalb der Kiste ab, da auch die Reinigung durch die Hündin zu diesem Zeitpunkt nachläßt.

In zunehmendem Maße setzt sich die Hündin von den Welpen ab. Nun ist die Zeit der ein- bis zweimal täglich erfolgenden Zufütterung gekommen. Zunächst sollten breiartige Zusätze aus Haferflocken und Welpenmilchprodukten gefüttert werden, denen man

Frische Luft gehört ebenso zur Aufzucht gesunder Dackel wie unterschiedliche Bodenstrukturen.

später noch etwas Fleischbrühe und Rindergehacktes zufügen kann. Weizenkleie, gedünstete Möhren, Spinat oder Bananen – alles ganz klein zerhackt – sind Leckerbissen für die hungrigen Welpen, die man bedenkenlos verfüttern kann. Wenn Ihnen beim täglichen Wiegen der Welpen auffällt, daß die Welpen nicht ständig zunehmen, dann empfiehlt es sich, etwas Kot zum Tierarzt zu bringen. Der kann dann feststellen, ob Würmer – meistens handelt es sich um Spulwürmer – vorhanden sind, die man mit einem Wurmkurmittel, entsprechend der Gebrauchsanweisung, bekämpfen kann.

Viermal täglich benötigt so ein junger Hund Futter, wenn er in die sechste Lebenswoche tritt. Hat der Welpe sich an seinen Futternapf und die darin dargebotene abwechslungsreiche Nahrung gewöhnt, benötigt er keine Muttermilch mehr. Allerdings wird sich die Dackelmutter immer noch kurzfristig zum Absaugen zur Verfügung stellen. Doch die Zähnchen ihrer Kinder werden ihr jetzt lästig, und deren Zwicken führt schließlich zur Flucht vor den lieben Kleinen.

Die Zeit vergeht schnell, und schon sind die Welpen acht Wochen alt. Die entwurmten Dackelkinder werden geimpft. Der schon kurz nach der Geburt bestellte Zuchtwart nimmt die Tätowierung vor und unterschreibt den vom Züchter ausgefüllten Wurfeintragungsantrag.

TIP

Mit vier Wochen sollen die Krallen der Welpen gestutzt werden, damit das Gesäuge der Hündin nicht durch Kratzer verletzt wird.

Die Welpen müssen nun auch einen Namen bekommen. Eine Vorschrift besagt, daß die Namen der Welpen aus dem ersten Wurf in einem Zwinger mit dem Buchstaben A beginnen müssen usw. Der Zuchtwart sendet den Antrag auf Eintragung des Wurfes an das Stammbuchamt. Dort werden die Ahnentafeln ausgefertigt und nach Bezahlung der Gebühren dem Züchter zugesandt.

Die Abgabe der Welpen

Inzwischen haben sich die ersten Interessenten für die Welpen gemeldet. Die Adresse des Züchters wird von der Welpenvermittlungsstelle des DTK den an den Dackelwelpen interessierten Menschen genannt. Natürlich kann man als Züchter auch eine Anzeige in einer Tageszeitung, einer Hundezeitschrift oder in dem Mitteilungsblatt des Teckelklubs aufgeben.

Sehr oft befinden sich jedoch die künftigen Besitzer Ihrer Dackelwelpen in Ihrem Freundes- und Bekanntenkreis. Die Welpen finden also ein neues Zuhause. Schmerzlich ist der Abschied für den Züchter bei jedem Welpen, der ihn verläßt. Wenn man sich aber davon überzeugt hat, daß der Welpe ein gutes, schönes Zuhause und einen lieben neuen Besitzer gefunden hat, bei dem er sich zu einer Dackelpersönlichkeit entwickeln kann, dann kommt man über den Abschiedsschmerz schneller hinweg.

Geben Sie dem neuen Besitzer einige Verhaltensregeln mit auf den Weg: Zeigen Sie ihm, daß man einen Welpen nicht so hochhebt, daß ihm dabei die Vorderläufe vom Rumpf abgespreizt werden. Eine spätere Fehlstellung der Schulter zu den Oberarmen könnte die

Folge sein. Nach Möglichkeit sollte der Welpe keine Treppen laufen, da auch das zu einer Beeinträchtigung der Vorder- und Hinterhand führen könnte. Das Körbchen des jungen Hundes darf nicht zu klein sein, damit der Rücken nicht ständig rund gehalten und die Entwicklung der Rückenlinie nicht negativ beeinflußt wird.

Viele Züchter geben dem Käufer eine Futterration für einige Tage mit auf den Weg. Damit wird erreicht, daß die Umstellung auf ein neues, unbekanntes Milieu nicht zusätzlich durch eine Futterumstellung belastet und erschwert wird. Der neue Besitzer sollte ferner darüber informiert werden, daß im Alter von zehn bis zwölf Wochen erneut eine Impfung durchgeführt werden muß, damit die Grundimmunisierung erreicht wird. Ob vor der Impfung eine Wurmkur nötig ist, entscheidet der Tierarzt nach einer Kotuntersuchung.

Wichtig ist die weiterhin hochwertige und ausgewogene Fütterung. Ein vom Züchter selbst angefertigter Plan, der die wichtigsten Punkte wie z.B. Fütterung, Pflege, Ausbildungsmöglichkeiten sowie Erziehung umfaßt, wird für den neuen, vielleicht noch unerfahrenen Dackelbesitzer bestimmt eine große Hilfe sein.

▶ Die Entwicklungsphasen

Der bekannte Verhaltensforscher Eberhard Trumler unterteilt die Entwicklung des Welpen in folgende Perioden:

VEGETATIVE PHASE (1.–2. LEBENSWOCHE) ▶ Obwohl der Welpe mit geschlossenen Augen und Ohren auf die Welt kommt, er also in der vegetativen Phase noch blind und ohne Gehör ist, findet er mit Hilfe seines Tastsinns die Zitzen seiner Mutter. Er umschließt mit seinem Mäulchen die Zitze und bringt durch das Abstemmen mit den Hinterpfoten und das Stoßen mit den Vorderpfoten gegen die Milchquelle den Milchfluß in Gang. Man spricht dabei vom Milchtritt des Welpen.

Da man diese Verhaltensweisen auch dann findet, wenn der Dackelwelpe ohne seine Mutter aufwächst und mit der Flasche großgezogen werden muß, kann man davon ausgehen, daß es sich beim Milchtritt um eine angeborene Verhaltensweise handelt.

Die ersten Lautäußerungen gehören ebenfalls zu den Verhaltensweisen, die angeboren sind. Der Säugling meldet sich, wenn ihm etwas fehlt – z.B. die seinem Mäulchen entglittene Zitze oder die Körperwärme seiner Wurfgeschwister –, mit leisem Fiepen bis hin zum auffordernden Schrei. Die Dackelmutter hört die Laute und ist sofort bemüht, Abhilfe zu schaffen. So sorgt sie unermüdlich für das Wohlergehen ihrer Kleinen.

ÜBERGANGSPHASE (3. LEBENSWOCHE) ▶ In dieser Phase öffnen sich die äußeren Gehörgänge des Welpen. Das ermöglicht ihm, auf die vielfältigen akustischen Reize, die auf ihn einströmen, zu reagieren. Zu gleicher Zeit entwickelt sich auch der Geruchssinn, so daß durch Beschnuppern der Geschwister der erste Kontakt vertieft werden kann. Mit heftigem Schwanzwedeln verleiht der Welpe nun seiner freudigen Erregung Ausdruck, und der Trieb, das Lager zu verlassen, führt dazu, daß der junge Hund die Erforschung seiner Umwelt aktiv in Angriff nimmt.

In dieser Lebensphase kümmert sich die Hündin wesentlich weniger um ihren Wurf. Normalerweise übernimmt nun der Rüde die Aufsicht über seinen Nachwuchs. Im spielerischen Umgang mit ihm erlernen die Welpen Verhaltensweisen, wie z.B. sich auf den Rücken zu werfen als Unterwürfigkeitsgeste, die sie auf das Leben außerhalb des Wurflagers vorbereiten.

Doch für gewöhnlich wachsen die Welpen in einer Dackelzucht ohne Einfluß des Rüden auf. Deshalb sollte in dieser Zeit der intensive Kontakt zwischen Mensch und Hund einsetzen. Frühzeitig muß der Hund an den Menschen gewöhnt werden, da die Trennung von der Hundemutter bald bevorsteht. Mit liebevollem Streicheln und ruhigem Zureden entsteht schon bald eine Basis für gegenseitiges Vertrauen.

PRÄGUNGSPHASE (4.–7. LEBENSWOCHE) ▶ Das Gebiß der Welpen entwickelt sich sehr schnell. Die jungen Hunde versuchen nun in zunehmendem Maße, kleinere Brocken von der Nahrung ihrer Mutter zu ergattern, um die Fleischstückchen dann selbst zu fressen. Die Hündin säugt ihre Kleinen zwar noch, doch sie zieht sich, von den spitzen Zähnen der Welpen immer stärker belästigt, nach und nach zurück.

Den einsetzenden Lerntrieb des Welpen sollte der Mensch, der zum »Artgenossen« des kleinen Hundes wird, nutzen. Der junge Hund wird auf den Menschen geprägt, die bestehende Vertrauensbasis zwischen Mensch und Hund erhöht die Lernbereitschaft des jungen Tieres. Für die Erziehung zur Stubenreinheit ist es jetzt die beste Zeit.

Der junge Dackel lernt, während er spielt. Sowohl für den Erzieher als auch für den jungen Dackel beginnt nun eine ausgelassene, fröhliche Zeit, die der Mensch mit sehr viel Geschick für die Vermittlung von Erziehungszielen nutzen kann.

Da der Welpe erst im Alter von neun bis zehn Wochen seinen eigentlichen Besitzer kennenlernt, muß der Züchter diese vorbereitende Aufgabe gewissenhaft erfüllen. Hat der Welpe in der Prägungsphase einen positiven und liebevollen Kontakt zum Menschen erfahren, so wird ihm der spätere Besitzerwechsel nicht schwerfallen.

TIP

Da sich in der Prägungsphase Verhaltensmuster entwickeln und festigen, kann alles, was dem Welpen nun nicht vermittelt wird, später nur sehr schwer oder kaum noch nachgeholt werden.

SOZIALISIERUNGSPHASE (8.–12. LEBENSWOCHE) ▶ Der wichtigste Aspekt dieser Phase ist die Einordnung des Welpen in die Gemeinschaft – zum einen in die Familiengemeinschaft mit seinen Geschwistern und seiner Mutter, zum anderen in die Lebensgemeinschaft mit dem Menschen. Solange der junge Hund in seiner Hundefamilie mit seinen Geschwistern und seiner Mutter zusammenlebt, ist er ständig Rivalitätskämpfen ausgesetzt. Sowohl sein Futter, sein Spielzeug, die Bürste als auch seinen Lieblingslappen muß er ständig verteidigen. Der Kampf zwischen den einzelnen Hundefamilienmitgliedern um die »Besitztümer« wird mit der Zeit immer intensiver und härter, wobei gewisse

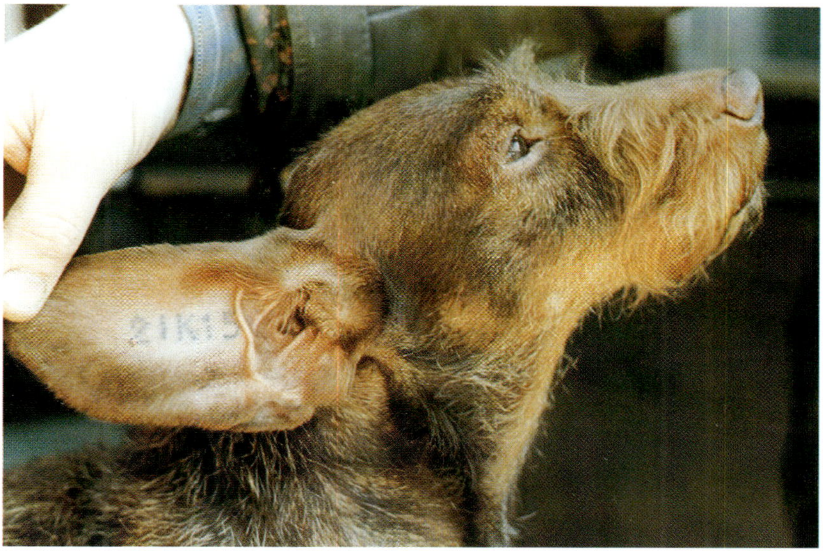

So wird im Deutschen Teckelklub tätowiert:
2 = Name des Züchters,
IK = Landesverbands- und Gruppenzugehörigkeit,
15 = Nummer des Teckels.

Rangordnungsprivilegien deutlich werden. In der Natur hat der Rüde das letzte Wort, wenn sein Nachwuchs sich streitet. Wo er fehlt, muß der Mensch eingreifen und sowohl Lob als auch Tadel aussprechen. Bei Übertretung von Verboten gibt es eine sehr effektive Art zu strafen: Fassen Sie den Welpen im Nacken und schütteln Sie ihn sanft, so würde es der Rüde auch tun.

Doch nach Möglichkeit sollte man Bestrafungen umgehen: Der Dackel braucht sehr viel Lob und viele, sehr viele Streicheleinheiten. Von dem Verhalten des Menschen zu seinem Hund ist es abhängig, ob der Hund seinen Besitzer später als »Rudelführer« akzeptiert oder ob er versuchen wird, ihn zu dominieren. Gehorsamsübungen sind in dieser Phase demnach unerläßlich, will man nicht zum Sklaven seines Hundes werden.

Beendet wird die Zeit der möglichen Prägung mit dem Ende der nun folgenden Rangordnungsphase.

RANGORDNUNGSPHASE (13.–24. LEBENSWOCHE) ▸ Sollten Sie es bis zu diesem Zeitpunkt versäumt oder nicht geschafft haben, Ihrem Dackel zu zeigen, daß Sie die Autoritätsperson sind, nach der er sich zu richten hat, dann müssen Sie auf jeden Fall mit späteren Problemen rechnen: zum Beispiel auf Spaziergängen, wenn Ihr Hund in der Ferne einen Artgenossen entdeckt, Ihre Befehle mißachtet und einfach davonstürmt.

Man tut einem jungen Hund nichts Gutes, wenn man ihm bedingungslos freien Lauf läßt. Der heranwachsende Dachshund braucht eine starke Hand, da er in der Rangordnungsphase versuchen wird, seinen Kopf durchzusetzen. Dabei überhört er Kommandos, ignoriert Befehle und hofft, dadurch Oberhand zu gewinnen. Man sollte dabei immer bedenken: Ein Hund, der nicht folgt, lebt nicht nur gefährlich, er stellt auch eine Gefahr für seine Umwelt dar.

PUBERTÄTSPHASE (7.–15. LEBENSMONAT) ▶ Wenn der Hund in die Flegeljahre kommt, dann steht Ihnen eine stürmische Zeit bevor, denn mit dem Einsetzen der Geschlechtsreife – Rüden heben erstmalig ihr Bein, bei Hündinnen kommt es zu der ersten Läufigkeit – gehen in dem Hund große Veränderungen vor.

Der Dackel ist nun erwachsen, und er könnte, wenn der Mensch ihn nicht daran hindern würde, eine eigene Familie gründen. Es entsteht für ihn, der gerne »will«, aber nicht »darf«, ein Konflikt, da sein Tatendrang von dem aufgeklärten Menschen unterbunden wird, der um das sinnvolle Zuchtverbot des Deutschen Teckelklubs für Rüden und Hündinnen bis zum vollendeten 15. Lebensmonat weiß.

Begegnen Sie Ihrem Hund in dieser Zeit mit viel Verständnis, das heißt, freuen Sie sich darüber, wenn er Ihre Nähe sucht, und lassen Sie ihm seinen Frieden, wenn er alleine sein möchte. Erst nach Abschluß dieser Phase wird Sie Ihr Hund uneingeschränkt als »Rudelführer« anerkennen, vorausgesetzt, Sie haben Ihre Erziehungschancen in allen Phasen genutzt.

▶ Die Registrierung der Welpen

Hunde, wie auch Katzen, verschwinden manchmal spurlos. Nicht immer ist der Besitzer eines Hundes ausfindig zu machen, wenn der entlaufene Hund wieder aufgefunden wird. Leider passiert es sehr oft, daß entlaufene Hunde in Verkehrsunfälle verwickelt sind und angefahren am Straßenrand aufgefunden werden.

Obwohl ein Dackel meist eine Tätowierung im Behang hat, aus der die Region, aus der er stammt, und sein Züchter hervorgehen, ist der Besitzer des Hundes nicht immer zu ermitteln. Damit der Hundebesitzer, der seinen Hund vermißt, etwas über das Schicksal seines Tieres erfährt, kann man die Tätowierungsnummer in das »Haustier-Zentralregister für die Bundesrepublik Deutschland e.V.« eintragen lassen.

Tätowierte und registrierte Hunde dürfen von den Versuchsanstalten nicht angenommen werden, solange der Besitzer des Hundes nicht sein Einverständnis dazu gegeben hat. Tauchen in Versuchsstationen registrierte Tiere auf, müssen sie dem Besitzer sofort zurückgegeben werden. Andernfalls machen sich die Verantwortlichen in solchen Institutionen strafbar. Das Haustier-Zentralregister arbeitet mit deutschen und ausländischen Tierschutzorganisationen zusammen. Jeder dort registrierte Dackel erhält, wie alle anderen Tiere auch, eine Identitätsmarke. Der Besitzer des Hundes bekommt einen Tierausweis mit der auf der Marke eingetragenen Nummer ausgehändigt. Anhand dieser Nummer ist der Besitzer in einem Notfall über den Zentralcomputer schnell ermittelt und verständigt. Die Registrierung erfolgt kostenlos, aber zur Deckung seiner Unkosten ist der Verein auf Spenden angewiesen. Die Anschrift finden Sie im Anhang unter der Rubrik »Adressen«, S. 119.

Seit einigen Jahren gibt es zur Kennzeichnung auch sogenannte Mikrochips: winzige Metallhülsen mit einem Code, die vom Tierarzt unter die Haut injiziert werden. Mit einem Lesegerät ist das Tier jederzeit zu identifizieren. Auch hier werden die Nummern zentral gespeichert.

Service

Service

AFTERKRALLE Wolfskralle, meist verkümmerte fünfte Zehe an der Innenseite der Hinterläufe; wird bereits beim Welpen entfernt, damit später keine Schwierigkeiten beim Laufen und keine Verletzungsmöglichkeiten gegeben sind.

AHNENTAFEL Abstammungsnachweis des Rassehundes, der vom jeweiligen Zuchtbuchamt ausgestellt wird und über die Herkunft des Hundes Auskunft gibt. Im Volksmund »Stammbaum« genannt.

ALBINO Tier mit vererbbarem, unerwünschtem Mangel von Farbstoffen (Pigmenten) in Haut und Haaren.

APPORTIEREN Bringen von Gegenständen (Wild, aber auch Gegenstände des Herrn), meist auf Befehl.

ART Angehörige einer bestimmten Gruppe, die untereinander unbegrenzt fruchtbar sind.

BEHANG Hängeohren.

BELEGEN Decken der Hündin.

BLUE MERLE vererbbare Farbverdünnung im Haar, aus schwarz wird graumarmoriert, kommt bei einigen Rassen als anerkannter Farbschlag vor (Tiger-Dogge, Collie, Dunker etc.).

BRACKIEREN Jagd mit Bracken auf niederes Wild (Fuchs oder Hase).

BRAND helle Abzeichen auf dunklem Fell, z.B. gelbe oder braune, regelmäßig verteilte Zeichnung auf schwarzem Grund.

BRINGFREUDE zeigt ein Hund, der von Natur aus gerne apportiert.

BRINGSELVERWEISER hat der Hund das Gesuchte gefunden (Jagdhund: Wild; Katastrophenhund: Mensch), kehrt er, mit dem am Halsband hängenden Bringsel im Fang den Fund anzeigend, zum Führer zurück.

BRINGTREUE zeigt ein Hund, der zuverlässig apportiert.

BUSCHIEREN Suche nach Wild in unübersichtlichem Buschwerk vor dem Schuß.

CAC = Certificat d'Aptitude au Championat: Anwartschaft auf einen nationalen Siegertitel (z.B. Deutscher Champion).

CACIB = Certificat d'Aptitude au Championat International de Beauté: Anwartschaft auf den internationalen Titel eines Schönheits-Champions.

CACIT = Certificat d'Aptitude au Championat International de Travail: Anwartschaft auf den internationalen Arbeitstitel (für Gebrauchshunde).

CHROMOSOMEN Träger der Erbanlagen; der Hund hat 39 Chromosomenpaare.

- **DOMESTIKATION** Haustierwerdung von Wildtieren und Züchtung zum Nutzen und für die Gesellschaft des Menschen.
- **ERDARBEIT** Arbeit unter der Erde auf Fuchs, Dachs und Kaninchen.
- **FÄHRTENHUND** speziell auf das Ausarbeiten schwieriger Fährten abgerichteter Hund mit Prüfung.
- **FAHNE** lange Haare an der Rutenunterseite.
- **FANG** Schnauze des Hundes vom Stop ab.
- **FCI** = Fédération Cynologique Internationale: Internationale kynologische Vereinigung; Dachorganisation von Züchterverbänden und Hundeclubs in der ganzen Welt.
- **FEDER** lange Haare an der Rückseite der Läufe.
- **FERSENBEINHÖCKER** Sprunggelenksknochen.
- **FESSELN** Vordermittelfuß.
- **FLANKEN** Weichteile zwischen Rippen und Keule.
- **GEBÄUDE** Körperbau.
- **GEBISS** besteht aus 42 Zähnen, und zwar jeweils 6 Schneidezähnen, 2 Fangzähnen, 8 Prämolaren (Vorbackenzähne), 4 (oben) bzw. 6 (unten) Molaren (hintere Backenzähne). Es gibt Scheren-, Zangengebiß, Vor- und Rückbiß (siehe dort).
- **GEHÖR** beim Hund sehr gut entwickelt; steht an zweiter Stelle nach dem Geruchssinn. Vor allem hohe Töne, die das menschliche Ohr nicht mehr wahrnehmen kann, hört der Hund noch.
- **GEN** Faktor der Erbanlage, ist Teil der Chromosomen.
- **GERUCHSSINN** bestentwickelter Sinn des Hundes; kann bei manchen Rassen enorm ausgeprägt sein und unersetzliche Dienste leisten (Spürhunde beim Zoll, Lawinensuchhunde).
- **GESICHTSSINN** nur mäßig entwickelt; räumliches und exaktes Sehen wohl nicht möglich, jedoch größeres Gesichtsfeld und dadurch schnelleres Erfassen von Bewegungen.
- **HAAR** wird meist von Unterwolle und Deckhaar gebildet; je nach Haarbeschaffenheit unterscheidet man Lang-, Kurz-, Glatt-, Rauh-, Draht-, Stock- oder Kraushaar.
- **HASENPFOTE** ovale, flache Pfoten.
- **HD** = Hüftgelenksdysplasie, krankhafte Veränderung der Hüftgelenke.
- **HINTERHAND** Hinterläufe, Keulen und Hüften.
- **HINTERHAUPTBEIN** Hinterhauptstachel, nach hinten stehende Fortsetzung der Scheitelleiste des Schädels.
- **HITZE** Brunftzeit der Hündin, im allgemeinen alle 6 Monate.
- **INZESTZUCHT** Paarung nahe verwandter Tiere (Eltern/Kinder, Geschwister).
- **INZUCHT** s. Inzestzucht.
- **KARPFENRÜCKEN** hochgewölbter Rücken.
- **KATZENPFOTE** runde, geschlossene Pfote mit gewölbten Zehen.
- **KONDITION** erworbene Körperverfassung, abhängig von Fütterung, Haltung und Training.
- **KONSTITUTION** von der Anlage und den Umwelteinflüssen bestimmte Verfassung, abhängig von Art, Rasse, Geschlecht und äußeren Gegebenheiten.
- **KRUPPE** Hinterteil des Hunderückens vom letzten Lendenwirbel bis zum Rutenansatz; gebildet vom Kreuzbein, den beiden Beckenbeinen und den bedeckenden Muskeln.

- **KYNOLOGIE** (gr. kyon = Hund, logos = Lehre); Wissenschaft vom Hund.
- **LÄUFE** Beine des Hundes.
- **LÄUFIGKEIT** s. Hitze.
- **LANGHAAR** besonders langes Deckhaar, je nach Rasse mit oder ohne Unterwolle.
- **LEFZEN** Lippen des Hundes.
- **MERLEFAKTOR** Erbanlage, die Farbverdünnung verursacht und Scheckung im Fell und teilweise oder ganz blaue Augen hervorruft. Paart man zwei Tiere mit Merlefaktor, können verstümmelte oder lebensunfähige Welpen kommen.
- **MEUTE** Familienverband, zu jagdlichen Zwecken gehaltene, große Anzahl von Hunden (z.B. Foxhounds, Beagles).
- **NASENSCHWAMM** Nasentrüffel, vordere Nasenkuppe.
- **NIEDERWILD** Reh, Hase, Kaninchen, Fuchs, Dachs usw.
- **OBERKOPF** Oberschädel, Hirnschädel.
- **ÖKV** = Österreichischer Kynologenverband: Dachorganisation der Österreichischen Hundezuchtverbände.
- **PHÄNOTYPUS** äußeres Erscheinungsbild.
- **PIGMENT** im Körpergewebe vorkommende Farbstoffe.
- **RASSE** Untergruppe einer Art, die alle Individuen mit bestimmten Merkmalen und Eigenschaften umfaßt und diese an ihre Nachkommen vererbt.
- **RAUBZEUGSCHÄRFE** starker Trieb, Raubzeug zu stellen.
- **REIBEGEBISS** ganz dicht aneinander reibende vordere Schneidezähne.
- **REINRASSIGKEIT** Rassetypische Eigenschaften werden von reinerbigen Eltern weitervererbt.

- **RÜCKBISS** die Schneidezähne des Oberkiefers ragen über die des Unterkiefers hinaus.
- **RÜDE** männlicher Hund.
- **RUTE** Schwanz des Hundes.
- **SCHECKEN** großflächige Fleckung des Fells.
- **SCHERENGEBISS** Schneidezähne des Unterkiefers liegen knapp hinter den Schneidezähnen des Oberkiefers.
- **SCHLAG** Gruppe von Hunden, die sich innerhalb einer kynologischen Rasse durch besondere Merkmale oder bestimmte Eigenschaften abhebt (z.B. besondere Farben oder Haarlänge).
- **SCHOPF** langes, feines Haar auf dem Schädel.
- **SCHWEISSARBEIT** (Schweiß = Blut); Suche des Teckels nach angeschos-

senem oder verwundetem Wild auf der Schweißfährte; mit ihrem ausgezeichneten Geruchssinn können manche Teckel die Fährte noch nach über 40 Stunden auffinden.

- **SKG** = Schweizerische Kynologische Gesellschaft: Dachorganisation der Schweizer Hundezuchtverbände.
- **SPRUNGGELENKE** aus den 7 Knochen der Hinterfußwurzel zusammengesetztes Gelenk, von dem das Fersenbein mit seinem Fersenbeinhöcker sichtbar ist. Form und Winkelung sind u. a. bedeutend für die Art der Vorwärtsbewegung.
- **SPURLAUT** Hetzlaut des Hundes, der bellend eine Spur verfolgt, ohne das Wild zu sehen.
- **STANDARD** Rassekennzeichen, die vom Zuchtverband des Heimatlandes der Rasse, sofern es dort einen gibt, aufgestellt werden. Er wird durch die FCI anerkannt und ist für das Beurteilen von Hunden dieser Rasse in allen der FCI angeschlossenen Ländern der Erde bindend.
- **STÖBERN** der Hund verfolgt das Wild in unzugänglichem Gelände ohne Beachtung der Fährte mit hoher Nase und unter Zuhilfenahme von Auge und Ohr.
- **STOP** Stirnabsatz zwischen Schädel und Nasenbein.
- **TOTVERBELLER** hat der Hund das verendete Wild gefunden, bleibt er dort und ruft durch anhaltendes Bellen den Jäger.
- **TOTVERWEISER** Hund, der zum Jäger zurückläuft und ihm anzeigt, wo das gefundene, verendete Stück liegt.
- **TRIMMEN** Herrichten des Hundes zu einem formvollendeten äußeren Erscheinungsbild.
- **UNTERWOLLE** weiche, dichte, meist kurze, feine Haare, die der Wärmeisolierung des Fells dienen.
- **VDH** = Verband für das Deutsche Hundewesen e.V.: Dachorganisation der deutschen Hundezuchtverbände.
- **VORBISS** Schneidezähne des Unterkiefers stehen vor den Schneidezähnen des Oberkiefers.
- **WASSERFREUDIGKEIT** besonders bei Jagdhunden geschätzte Eigenschaft, wenn der Hund ohne zu zögern auch in kaltes Wasser springt, um z.B. eine geschossene Ente zu apportieren.
- **WELPE** Junghund bis zum 2. Lebensmonat.
- **WIDERRIST** höchster Punkt der Rükkenlinie bzw. des Schulterblattes.
- **WIDERRISTHÖHE** oder Schulterhöhe, wird vom Boden bis zum Widerrist in senkrechter Linie gemessen.
- **WOLFSKRALLE** s. Afterkralle.
- **WURF** alle Welpen einer Hündin bei einer Geburt.
- **ZANGENGEBISS** Schneidezähne des Oberkiefers stehen genau auf den Schneidezähnen des Unterkiefers.
- **ZUCHT** gezielte Vereinigung von Rüde und Hündin mit der Absicht, Welpen mit den erwünschten Eigenschaften der Eltern zu erhalten.
- **ZUCHTBUCH** wird beim jeweiligen Zuchtbuchamt des Rassehundeklubs (im Ausland durch den nationalen Dachverband) geführt und enthält alle Angaben über jeden Hund, der unter den Zuchtbestimmungen dieses Vereins gezüchtet wurde. Anhand des Zuchtbuchs kann man die Abstammung eines Hundes bis zum Beginn der zuchtbuchmäßigen Erfassung einer Hunderasse zurückverfolgen und damit auch seine Reinrassigkeit.

Der Dachshund

- **FCI-Standard Nr. 148 / 13.3.1998/D**
- **Ursprung: Deutschland**
- **Verwendung: Jagdhund über und unter der Erde**

KLASSIFIKATION FCI

Gruppe 4, Dachshunde mit Arbeitsprüfung.

KURZER GESCHICHTLICHER ABRISS

Der Dachshund, auch Dakkel oder Teckel genannt, ist seit dem Mittelalter bekannt. Aus Bracken wurden fortlaufend Hunde gezüchtet, die besonders für die Jagd unter der Erde geeignet waren. Aus diesen niederläufigen Hunden kristallisierte sich der Dachshund heraus, der als eine der vielseitigsten Jagdhunderassen anerkannt ist. Er zeigt auch ausgezeichnete Leistungen über der Erde, wie im spurlauten Jagen, im Stöbern und auf der Schweißfährte.
Der älteste Zuchtverein für Teckel ist der Deutsche Teckelklub e.V., gegründet 1888. Im Bewußtsein der Erbgesundheit der Rasse sind angeborene Seh- und Gehörschäden und epileptische Anfälle unerwünscht und zu bekämpfen.
Der Dachshund wird seit Jahrzehnten in 3 verschiedenen Größen (Teckel, Zwergteckel, Kaninchenteckel) und in 3 verschiedenen Haararten (Kurzhaar, Rauhhaar und Langhaar) gezüchtet.

ALLGEMEINES ERSCHEINUNGSBILD

Niedrige, kurzläufige, lang-

Das Skelett

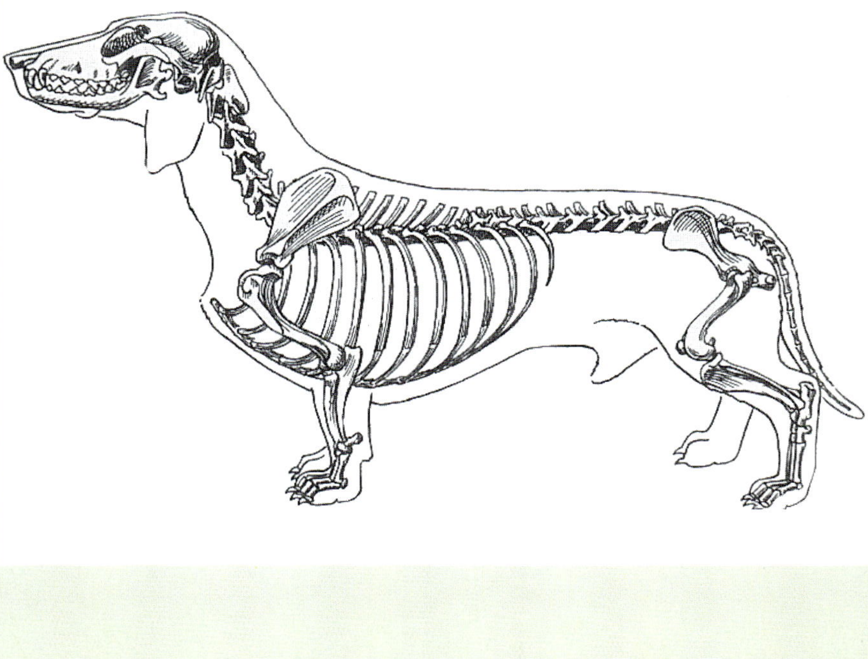

Die Statik

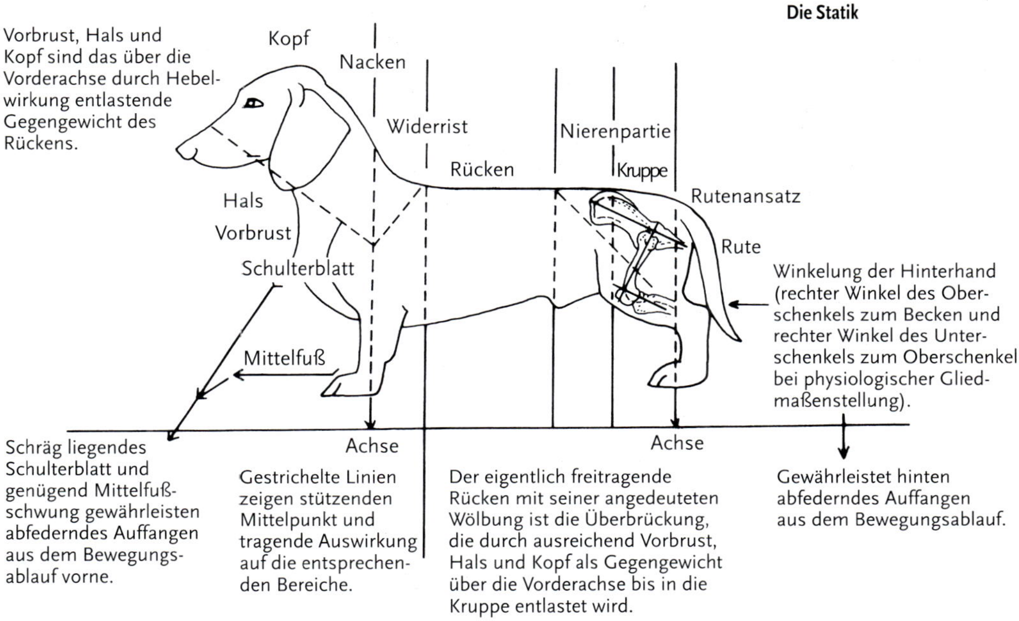

gestreckte, aber kompakte Gestalt, sehr muskulös, mit keck herausfordernder Haltung des Kopfes und aufmerksamem Gesichtsausdruck. Trotz der im Verhältnis zum langen Körper kurzen Gliedmaßen weder krüppelhaft, plump oder in der Bewegungsfähigkeit eingeschränkt noch wieselartig schmächtig wirkend, mit geschlechtstypischer Gesamterscheinung.

WICHTIGE PROPORTIONEN

Bei einem Bodenabstand von etwa einem Drittel der Widerristhöhe soll die Körperlänge in einem harmonischen Verhältnis zur Widerristhöhe stehen, etwa 1 zu 1,8.

VERHALTEN/CHARAKTER (WESEN)

Im Wesen freundlich, weder ängstlich noch aggressiv, mit ausgeglichenem Temperament. Passionierter, ausdauernder, feinnasiger und flinker Jagdhund.

KOPF

Langgestreckt, von oben und von der Seite gesehen gleichmäßig bis zum Nasenschwamm schmaler werdend, jedoch nicht spitz. Augenbrauenbögen deutlich ausgebildet. Nasenknorpel und Nasenkuppe lang und schmal.

OBERKOPF

SCHÄDEL Eher flach, allmählich in den leicht gewölbten Nasenrücken verlaufend.
STOP Nur angedeutet.

GESICHTSSCHÄDEL

NASENSCHWAMM Gut entwickelt.
FANG Weit zu öffnen, bis in Höhe der Augen gespalten.
KIEFER/ZÄHNE Stark entwickelte Ober- und Unter-

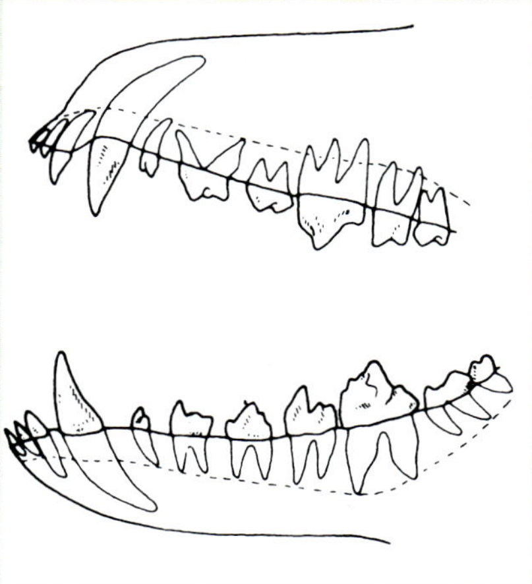

Das Gebiß
Im Oberkiefer von links nach rechts: 3 Schneidezähne (Incisivi), 1 Eck- oder Fangzahn (Caninus), 4 vordere Backenzähne (Prämolaren), 2 hintere Backenzähne (Molaren). Im Unterkiefer sind es 3 hintere Backenzähne.

kiefer. Gebiß vollzahnig (42 Zähne gemäß Zahnformel des Hundes) mit kräftigen, genau ineinandergreifenden Eckzähnen. Das Scherengebiß ist dem Zangengebiß vorzuziehen.

LIPPEN Straff anliegend, den Unterkiefer gut deckend.

AUGEN Mittelgroß, oval, gut auseinanderliegend, mit klarem, energischem und doch freundlichem Ausdruck, nicht stechend. Farbe leuchtend dunkelrotbraun bis schwarzbraun bei allen Haarfarben der Hunde. Glas-, Fisch- oder Perlaugen bei gefleckten Hunden sind nicht erwünscht, jedoch zu tolerieren.

BEHANG Hoch, nicht zu weit vorne angesetzt, ausreichend, aber nicht übertrieben lang, abgerundet, nicht schmal, spitz oder faltig. Beweglich, mit dem vorderen Saum dicht an der Wange anliegend.

HALS

Genügend lang, muskulös; straff anliegende Kehlhaut; mit leicht gewölbtem Nacken, frei und hoch getragen.

KÖRPER

OBERE PROFILLINIE Harmonisch vom Nacken bis zur leicht abfallenden Kruppe verlaufend. Widerrist ausgeprägt.

RÜCKEN Nach dem hohen Widerrist im Verlauf der weiteren Brustwirbel gerade oder leicht nach hinten geneigt verlaufend.

LENDEN Kräftig bemuskelt, genügend lang.

KRUPPE Leicht abfallend.

BRUST Brustbein gut ausgeprägt und so stark vorspringend, daß sich an beiden Seiten leichte Gruben zeigen. Der Brustkorb ist, von vorn gesehen, oval, von oben und von der Seite gesehen großräumig, Herz und Lunge volle Entwicklung gewährend, weit nach hinten aufgerippt. Bei richtiger Länge und Winkelung von Schulterblatt und Oberarm verdeckt der Vorderlauf

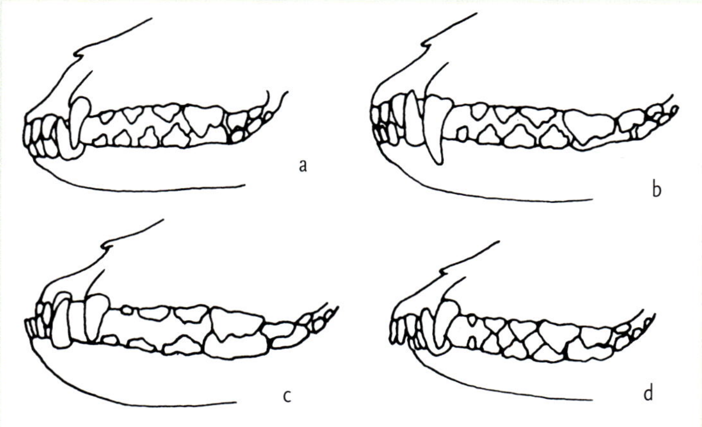

Die Gebißformen
- **a Scherengebiß: die Schneidezähne des Oberkiefers greifen dicht über die des Unterkiefers.**
- **b Zangengebiß: Die Schneidezähne von Ober- und Unterkiefer stehen aufeinander.**
- **c Vorbiß: Zuchtausschließender Fehler, die Schneidezähne des Unterkiefers stehen vor.**
- **d Rückbiß: Ebenfalls zuchtausschließender Fehler, die Schneidezähne des Unterkiefers stehen deutlich hinter denen des Oberkiefers zurück.**

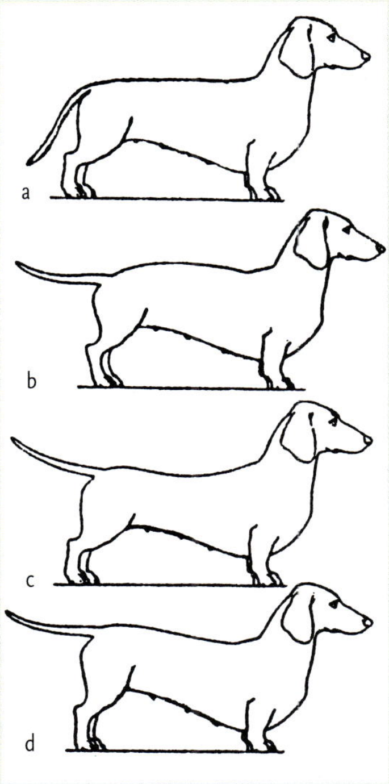

Der Rücken
- **a korrekte Rückenform.**

Fehlerhafte Rückenformen:
- **b gewölbt (Karpfenrücken).**
- **c durchhängend (Senkrücken).**
- **d ansteigende Rückenlinie durch steil stehende Hinterhand und zu tief gestellte Vorhand.**

GLIEDMASSEN

VORDERHAND

ALLGEMEINES Kräftig bemuskelt, gut gewinkelt; von vorne gesehen trockene, gerade gestellte Vorderläufe von guter Knochenstärke mit gerade nach vorn gerichteten Pfoten.

SCHULTERN Plastisch bemuskelt. Langes, schräg liegendes Schulterblatt, eng am Brustkorb anliegend.

OBERARM Von gleicher Länge wie das Schulterblatt, nahezu im rechten Winkel zu diesem stehend, starkknochig und gut bemuskelt, an den Rippen anliegend, aber frei beweglich.

ELLENBOGEN Weder ein- noch ausdrehend.

UNTERARM Kurz, jedoch so lang, daß der Bodenabstand des Hundes etwa ein Drittel seiner Widerristhöhe beträgt. Möglichst gerade.

VORDERFUSSWURZELGELENK Die Vorderfußwurzelgelenke stehen einander etwas näher als die Schultergelenke.

VORDERMITTELFUSS Der Vordermittelfuß soll, von in Seitenansicht den tiefsten Punkt der Brustlinie. Untere Profillinie und Bauch leicht aufgezogen.

RUTE

Nicht zu hoch angesetzt, in Verlängerung der Rückenlinie getragen. Im letzten Drittel der Rute ist eine geringfügige Krümmung zulässig.

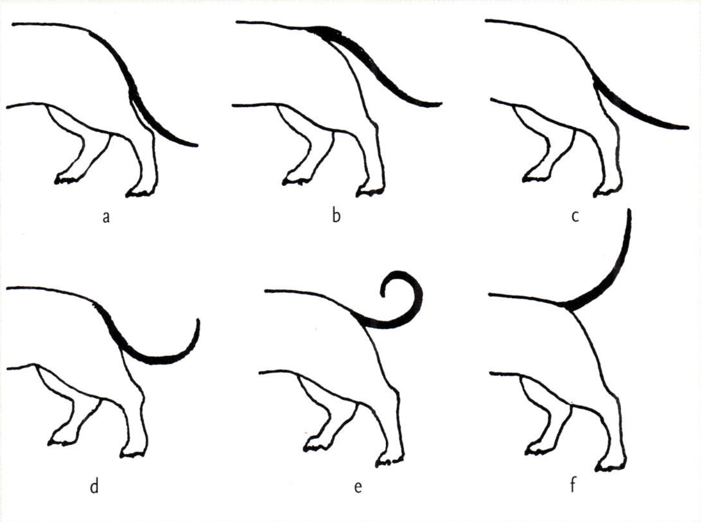

Die Rutenhaltung
- **a korrekte Rutenform und Rutenstellung.**
- **b Rute zu hoch angesetzt.**
- **c Rute zu tief angesetzt.**
- **d Sichelrute.**
- **e Posthornrute.**

(b, c, d und e führen nicht zum Zuchtausschluß, aber zu einer Minderung der Formwertnote.)
- **f hoch getragene Rute; Ausdruck freudiger Erregung (meist bei jungen Hunden); keine Formwertminderung.**

der Seite gesehen, weder steil noch auffällig nach vorne gerichtet sein.

VORDERPFOTEN Fünf eng aneinanderliegende Zehen, gut gewölbt, mit kräftigen Ballen und kurzen, starken Krallen. Vier Zehen sind auffußend, die innere Zehe ist kürzer.

HINTERHAND

ALLGEMEINES Kräftig bemuskelt, in guter Proportion zur Vorderhand. Knie und Sprunggelenke stark gewinkelt, Hinterläufe parallel, weder eng noch weit auseinandergestellt.

OBERSCHENKEL Soll von guter Länge und kräftig bemuskelt sein.

KNIEGELENK Breit und kräftig mit ausgeprägter Winkelung.

UNTERSCHENKEL Kurz, annähernd im rechten Winkel zum Oberschenkel stehend, gut bemuskelt.

SPRUNGGELENK Kräftig und gut entwickelt.

HINTERMITTELFUSS Relativ lang, gegen den Unterschenkel beweglich, leicht nach vorn gebogen.

HINTERPFOTEN Vier eng aneinanderliegende Zehen, gut gewölbt. Voll auf den kräftigen Ballen fußend.

GANGWERK

Der Bewegungsablauf soll raumgreifend, fließend und schwungvoll sein, mit weitem, bodennahem Vortritt, kräftigem Schub und eine leicht federnde Übertragung auf die Rückenlinie bewirken. Die Rute soll dabei in harmonischer Verlängerung der Rückenlinie, leicht abfallend, getragen werden. In der Aktion sind Vorderhand und Hinterhand parallel ausgreifend. Vorn weder bodeneng noch paddelnd, weder zeheneng noch zehenweit. Hinten weder zu eng noch zu weit, weder kuhhessig noch faßbeinig.

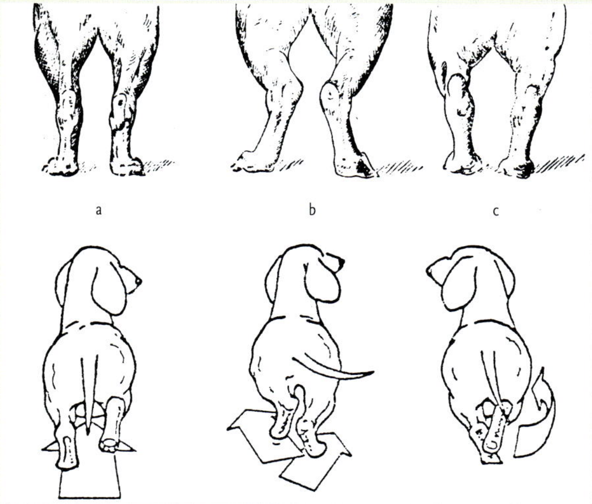

Die Hinterhand
a korrekter Stand.
b kuhhessiger Stand.
c faßbeiniger Stand.
Ein fehlerhafter Stand (b, c) hat einen gestörten Bewegungsablauf zur Folge (unterer Teil der Abbildung). Solche Gliedmaßenfehlstellungen führen in der Bewertung zu Formwertminderungen.

HAUT

Straff anliegend.

HAARKLEID

KURZHAAR

HAAR Kurz, dicht, glänzend, glatt anliegend, mit Unterwolle, nirgends unbehaarte Stellen zeigend. Rute fein, voll, aber nicht zu reichlich behaart. Etwas längeres Grannenhaar an der Unterseite ist nicht fehlerhaft.

FARBE a) Einfarbige: Rot, rotgelb, gelb, alles mit oder ohne schwarze Stichelung. Indes ist reine Farbe vorzuziehen und rot wertvoller als rotgelb zu betrachten. Auch stark schwarz gestichelte Hunde gehören hierher und nicht unter die andersfarbigen. Weiß ist nicht erwünscht, aber in

Kurzhaar-teckel

Rauhhaar-teckel

einzelnen kleinen Flecken nicht ausschließend. Nase und Krallen schwarz; rot ist auch zulässig, aber nicht erwünscht.

b) Zweifarbige: Tiefschwarz oder braun, je mit rostbraunen oder gelben Abzeichen (Brand) über den Augen, an den Seiten des Fanges und der Unterlippe, am inneren Behangrand, an der Vorbrust, an den Innen- und Hinterseiten der Läufe, an den Pfoten, um den Anus und von dort bis etwa ein Drittel bis zur Hälfte der Unterseite der Rute. Nase und Krallen bei schwarzen Hunden schwarz, bei braunen Hunden braun oder schwarz. Weiß ist nicht erwünscht, aber in einzelnen kleinen Flecken nicht ausschließend. Ein stark verbreiteter Brand ist unerwünscht.

c) Gefleckte (getigerte, ge-

Langhaarteckel

stromte): Die Grundfarbe ist immer die dunkle Farbe (schwarz, rot oder grau). Erwünscht sind unregelmäßige weiße Flecken (nicht erwünscht sind große Platten). Weder die dunkle noch die helle Farbe soll überwiegen. Die Farbe des gestromten Teckels ist rot oder gelb mit dunklerer Stromung. Nase und Krallen wie bei den Ein- und Zweifarbigen.
d) Andersfarbige: Alle vorher nicht erwähnten Farben.

RAUHHAAR

HAAR Mit Ausnahme von Fang, Augenbrauen und Behang am ganzen Körper mit Unterwolle durchsetztes, vollkommen gleichmäßig anliegendes, dichtes, drahtiges Deckhaar. Am Fang zeigt sich ein deutlich ausgeprägter Bart. Die Augenbrauen sind buschig. Am Behang ist die Behaarung kürzer als am Körper, fast glatt. Rute gut und gleichmäßig, eng anliegend behaart.

FARBE Überwiegend saufarben, im übrigen gilt das gleiche wie für die anderen Farben.

LANGHAAR

HAAR Das mit Unterwolle versehene, schlichte, glänzende Haar, am Körper anliegend, verlängert sich unter dem Hals und an der Unterseite des Körpers, hängt am Behang über, zeigt an der Hinterseite der Läufe eine deutliche längere Behaarung (Befederung), erreicht seine größte Länge an der Unterseite der Rute und bildet dort eine vollständige Fahne.

FARBE Es gilt das gleiche wie beim Kurzhaarteckel.

GRÖSSE UND GEWICHT

TECKEL Brustumfang über 35 cm.

ZWERGTECKEL Brustumfang über 30 bis 35 cm, im Alter von mindestens 15 Monaten gemessen.

KANINCHENTECKEL Brustumfang bis zu 30 cm, im Alter von mindestens 15 Monaten gemessen.

GEWICHT Teckel bis 9,0 kg.

FEHLER

Jede Abweichung von den vorgenannten Punkten muß als Fehler angesehen werden, dessen Bewertung in genauem Verhältnis zum Grad der Abweichung stehen sollte.

– Fehlen zwei PM1 (Prämolaren 1) oder die beiden M3

(Molaren 3), so ist dies nicht als Fehler zu werten. Fehlt zusätzlich zu zwei PM1 ein M3 oder zu den beiden M3 ein PM1, so ist dies als Fehler zu bewerten.

SCHWERE FEHLER

– Schwächliche, hochläufige oder am Boden schleppende Gestalt.
– Andere Zahnfehler als unter Fehler bzw. ausschließende Fehler beschrieben.
– Glasaugen bei anderen als gefleckten Hunden.
– In den Schultern hängender Körper.
– Senkrücken, Karpfenrücken.
– Schwache Lendengegend.
– Überbauter Hund (Kruppe steht höher als der Widerrist).
– Zu schwacher Brustkorb.
– Windhundartig aufgezogene Flanke.
– Schlecht gewinkelte Vorder- und Hinterhand.
– Kuhhessigkeit, Faßbeinigkeit.
– Einwärts oder zu sehr auswärts gedrehte Pfoten.
– Gespreizte Zehen.
– Schwerfälliger, unbeholfener, watschelnder Gang.

FEHLERHAFTE BEHAARUNG

Kurzhaar-Teckel

– Zu feines, dünnes Haar; haarlose Stellen an den Behängen (Lederohren), sonstige haarlose Stellen.
– Allzu grobes und allzu reichliches Haar.
– Bürstenrute.
– Teilweise oder in ganzer Länge unbehaarte Rute.
– Schwarze Farbe ohne Brand.

Rauhhaar-Teckel

– Weiches Haar, ob kurz oder lang.
– Langes, in allen Richtungen vom Körper abstehendes Haar.
– Gelocktes oder welliges Haar.
– Weiches Kopfhaar.
– Fahnenrute.
– Fehlender Bart.
– Fehlende Unterwolle.
– Kurzhaarigkeit.

Langhaar-Teckel

– Am ganzen Körper gleichmäßig lange Behaarung.
– Gewelltes oder struppiges Haar.
– Fehlen der Fahnenrute.
– Fehlen des überhängenden Haares am Behang.
– Stark gescheiteltes Haar auf dem Rücken.
– Zu lange Behaarung zwischen den Zehen.

ZUCHTAUSSCHLIESSENDE FEHLER

– Vorbiß, Rückbiß, Kreuzbiß.
– Fehlstellung der Unterkiefereckzähne.
– Fehlen eines oder mehrerer Canini oder eines oder mehrerer Incisivi.
– Fehlen eines weiteren Zahnes (Prämolar oder Molar) zusätzlich zu den unter Fehler beschriebenen zwei PM1 und einem M3 bzw. zwei M3 und einem PM1.
– Angeborene Seh- und Gehörschäden.
– Abgesetzte Brust.
– Sämtliche Rutenfehler.
– Sehr lose Schultern.
– Knicken im Vorderfußwurzelgelenk.
– Schwarze Farbe ohne Brand; weiße Farbe mit oder ohne Brand.
– Sehr ängstliches oder aggressives Wesen.

N.B.

Rüden müssen zwei offensichtlich normal entwickelte Hoden aufweisen, die sich vollständig im Hodensack befinden.

Zum Weiterlesen

Beck, Peter: Das Beste für meinen Hund. Profi-Tips für Hundefreunde. Kosmos, Stuttgart 1995.

Becvar, Dr. Wolfgang: Naturheilkunde für Hunde. Grundlagen, Methoden, Krankheitsbilder. Kosmos, Stuttgart 1994.

Daacke, Wilhelm von: Berichte in Jagdzeitschriften.

Durst-Benning, Petra: Kräuterapotheke für Hunde. Kosmos, Stuttgart 1998.

Engelmann, Fritz und Robert Bandel: Der Dachshund. Melsungen 1981.

Feddersen, Dr. Dorit: Hunde und ihre Menschen. Kosmos, Stuttgart 1992.

Feddersen, Dr. Dorit: Hundepsychologie. Wesen und Sozialverhalten. Kosmos, Stuttgart 1989.

Harries, Brigitte und Jan P. Schniebel: Ein Hund soll es sein. Kosmos, Stuttgart 1994.

Harries, Brigitte: Ein Welpe kommt ins Haus. Kosmos, Stuttgart 1995.

Harries, Brigitte: Hundesprache verstehen. Kosmos, Stuttgart 1998.

Hertrich, Hans-Günter: Hundespaß Agility. Kosmos, Stuttgart 1998.

Hoefs, Nicole und Petra Führmann: Das Kosmos-Erziehungsprogramm für Hunde. Kosmos, Stuttgart 1999.

Ilgner, Emil: Der Dachshund. Neudamm 1896.

Jester, F.E.: Die kleine Jagd. Leipzig 1884.

Jones, Renate: Welpenschule leichtgemacht. Kosmos, Stuttgart 1997.

Kejcz, Yvonne: So sag ich's meinem Hund. Kosmos, Stuttgart 1992.

Kejcz, Yvonne: Unser Hund wird alt. Kosmos, Stuttgart 1994.

Klotz, R.: Vom rauhhaarigen Dachshund. Teckelwelt Nr. 5, 1929.

Krämer, Eva-Maria: Das Kosmos-Hundebuch. Kosmos, Stuttgart 1995.

Lausberg, Frank: Erste Hilfe für den Hund. Kosmos, Stuttgart 1999.

Pryor, Karen: Postiv bestärken, sanft erziehen. Kosmos, Stuttgart 1999.

Rakow, Dr. Barbara: Der homöopathische Hundedoktor. Kosmos, Stuttgart 1999.

Ross, John und Barbara McKinney: Hunde verstehen und richtig erziehen. Kosmos, Stuttgart 1994.

Ross, John und Barbara McKinney: Welpen-Kindergarten. Erfolgreiche Erziehung von Anfang an. Kosmos, Stuttgart 1997.

Rustige, Dr. Barbara: Hundekrankheiten. Kosmos, Stuttgart 1999.

Schmalfuß, Ute-Kristin: Mein Hund. Kosmos, Stuttgart 1998.

Schnabel, Elisabeth: Unser Hund wird gut erzogen. Kosmos, Stuttgart 1992.

Stein, Petra: Bach-Blüten für Hunde. Kosmos, Stuttgart 1997.

Stern, Horst: Bemerkungen über Hunde. Stuttgart 1994.

Tellington-Jones, Linda und Sybil Taylor: Der neue Weg im Umgang mit Tieren. Die Tellington TTouch Methode. Kosmos, Stuttgart 1993.

Tellington-Jones, Linda: Tellington-Training für Hunde. Das Praxisbuch zu TTouch und TTeam. Kosmos, Stuttgart 1999.

Trumler, Eberhard: Ratgeber für den Hundefreund. München 1981.

Zidonis, Nancy A. und Marie K. Soderberg: Akupressur für Hunde. Kosmos, Stuttgart 1999.

Zipperlen, Wilhelm: Der Illustrierte Hausthierarzt. Ulm 1878.

Adressen

Verband für das Deutsche Hundewesen e.V. (VDH)
Westfalendamm 174
44141 Dortmund
Tel.: 02 31 - 56 50 00
Fax: 02 31 - 59 24 40

Deutscher Teckelklub e.V. (DTK)
Geschäftsstelle
Prinzenstr. 38
47058 Duisburg

Tel.: 02 03 - 33 00 05
Fax: 02 03 - 33 00 07

TASSO
Haustierzentralregister für die BRD e.V.
Frankfurter Str. 20
65795 Hattersheim
Tel.: 0 61 90 - 40 88

Österreichischer Kynologenverband (ÖKV)
Johann-Teufel-Gasse 8
A - 1238 Wien
Tel.: 01 - 8 88 70 92
Fax: 01 - 8 89 26 21

Österreichischer Dachshundeclub
Beheimgasse 62
A - 1170 Wien
Tel.: 01 - 88 87 09 20

Schweizerische Kynologische Gesellschaft (SKG)
Postfach 82 17
CH - 3001 Bern
Tel.: 0 31 - 3 01 58 19
Fax: 0 31 - 3 02 02 15

DTK-LANDESVERBÄNDE

Baden
Ingeborg Bandel
Grießenstr. 18
77694 Kehl-Zierolshofen
Tel./Fax: 0 78 53 - 5 32

Bayerischer Dachshundklub
Hubert Ober
Schrottfurt 4
83567 Unterreit
Tel.: 0 80 73 - 17 00
Fax: 0 80 73 - 20 92

Berlin-Brandenburg
Marion Michelet
Geisenheimer Str. 3
14197 Berlin
Tel.: 0 30 - 8 21 31 00

Hessen
Werner Walter
Offenbacher Landstr. 11
63512 Hainburg
Tel.: 0 61 82 - 45 21

Mecklenburg-Vorpommern
Friedhelm Neßler
Schulstr. 8
18581 Putbus
Tel.: 03 83 01 - 5 77

Niedersachsen
Klaus Hornig
Am Thie 9
37586 Dassel
Tel./Fax: 0 55 62 - 12 25

Nord
Hans-Adolf Clasen
Am Runenstein 7
24866 Busdorf
Tel.: 0 46 21 - 3 27 13
Fax: 0 46 21 - 3 27 58

Dachshund-Club Nordbayern
Volker Müller
Felixstr. 4
90439 Nürnberg
Tel./Fax: 09 11 - 61 54 04

Rheinland
Horst Kellermann
Brahmsstr. 18
42289 Wuppertal
Tel.: 02 02 - 63 74 04

Rheinland-Pfalz/Saarland
Horst Kliebenstein
Bruchwiesenstr. 26
66125 Dudweiler
Tel.: 0 68 97 - 7 41 72

Sachsen
Dr. Christian Dimmel
August-Bebel-Str. 8
02747 Herrnhut
Tel.: 03 58 73 - 28 88

Sachsen-Anhalt
Hans-Joachim Dietert
Humboldtstr. 3
39307 Genthin
Tel.: 0 39 33 - 21 40

Thüringen
Erwin Niebergall
Hauptstr. 19
98646 Heßberg
Tel./Fax: 0 36 85 - 70 65 18

Weser-Ems
Franz Nuxoll
Fiskediek 4
49413 Dinklage
Tel.: 0 44 43 - 14 64

Westfalen-Lippe
Dieter Honsálek
Mantinghauser Str. 28
33129 Delbrück
Tel.: 0 52 50 - 77 22

Württemberg und Hohenzollern
Gottfried Kraft
Dörflestr. 9
71543 Wüstenrot
Tel.: 0 79 45 - 3 47
Fax: 0 79 45 - 28 05

Register

Farbfotos: Archiv des DTK (1: S. 17), Dicke (2: S. 4/5, 10 o), Rolf Heinzl (2: S. 2 ru, 79), Thomas Höller (2: S. 20, 76/77), Thomas Höller/Kosmos (alle übrigen Aufnahmen), Juniors Bildarchiv (2: Klare S. 32/33, 86/87), Oberkötter (1: S. 59), Reinhard Tierfoto (4: S. 1, 19, 30, 60), Ralf Roppelt/ Sahara Werbeagentur (14 kleine Kapitelkennfotos ohne Hund), Ruhnow (3: S. 3 rm, 14, 88), Annerose Schatter (2: S. 3 ul, 82 o), W. Schmidt (1: S. 65), Dr. Kurt Schmidt-Duisberg (1: S. 29), Renate Thiel (18: S. 2/3 o, 6, 16, 22, 24, 45, 81, 94 l, 94 r, 95, 97, 99, 103, 104, 108, 110, 123, 124 li), und aus dem Archiv des Verfassers (4: S. 12 o, 23, 27, 88).
Farbzeichnungen: Milada Krautmann (S. 115, 116). Schwarzweißzeichnungen: Archiv des DTK (S. 110, 111, 113 l, 113r, 114), Eva Hohrath (S. 112), Milada Krautmann (S. 55 o, 66–69), Schwanke & Raasch (S. 55 u). Historische Abbildungen aus dem Archiv des Verfassers.

Umschlaggestaltung von Atelier Reichert, Stuttgart, unter Verwendung von 3 Farbaufnahmen von Annerose Schatter (großes Motiv), Thomas Höller/Kosmos (Vorderseite unten) und T. Zettl.
Mit 78 Farbfotos, 3 Farbillustration, 3 Schwarzweißfotos und 35 Schwarzweißillustrationen.
Autor und Verlag bedanken sich bei Familie Wiedemann (Zwinger für Zwerg- und Kaninchenteckel „vom Elsternest", Silcherstr. 7, 79356 Eichstetten), bei der Thomas Höller die Dackelbilder aufgenommen hat.
Teile des Werkes basieren auf dem Buch »Dackel« von Dr. Kurt Schmidt-Duisberg, das 1991 im Kosmos-Verlag erschienen ist.

Die Deutsche Bibiothek – CIP-Einheitsaufnahme
Schmidt-Duisberg, Kurt:
Dackel, Teckel, Dachshund : (Auswahl, Haltung, Erziehung, Beschäftigung) /
Kurt Schmidt-Duisberg. – Stuttgart : Kosmos, 1999
(Praxiswissen Hund)
ISBN 3-440-07822-1

ISBN 3-440-07822-1
Lektorat: Angela Beck
Grundlayout: Friedhelm Steinen-Broo, eSTUDIO CALAMAR
Herstellung: Kirsten Raue
Satz und Layout: TypoDesign, Radebeul
Printed in Czech Republic / Imprimé en République tchèque
Druck und Binden: Těšínská Tiskárna, a. s., Český Těšín

Hundepaß

NAME

GESCHLECHT

TÄTOWIERUNG

GEWORFEN AM

BEKOMMEN AM

BESONDERE MERKMALE

WICHTIGE ADRESSEN

ZÜCHTER

TIERARZT

TIERÄRZTLICHER NOTDIENST

HUNDEVEREIN

HUNDEPENSION

ZOOFACHHANDLUNG

InfoLine

DR. MED. VET. KURT SCHMIDT-DUISBERG

war Tierarzt und hatte sich ganz den Hunden und insbesondere den Dackeln verschrieben. Er züchtete diese Hunde und bildete sie auch selbst aus.

Viele Jahre war er im Deutschen Teckelklub (DTK) als Hauptvorstandsmitglied, Stammbuchführer, Bundeszuchtwart, Gebrauchs- und Ausstellungsrichter tätig.

Das kynologische Lebenswerk von Dr. Schmidt-Duisberg, der im Mai 1999 starb, ist mit mehreren Auszeichnungen gewürdigt worden: Ehrenmitgliedschaft und goldene Ehrennadel des DTK, goldene Ehrennadel mit Kranz des VDH und das Bundesverdienstkreuz am Bande.

Sie können sich mit Ihren Fragen und Problemen an den DTK wenden. Schreiben Sie an die »Hunde-InfoLine« (bitte mit Rückporto):

Kosmos Verlag
»Hunde-InfoLine«
Postfach 10 60 11
D - 70049 Stuttgart